贪婪的
INSATIABLE
七宗罪

〔英〕斯图尔特·西姆（Stuart Sim）———— 著

诸葛雯 ———— 译

中国友谊出版公司

图书在版编目（CIP）数据

贪婪的七宗罪 /（英）斯图尔特·西姆著；诸葛雯译 . -- 北京：中国友谊出版公司，2018.11

书名原文：Insatiable

ISBN 978-7-5057-4478-3

Ⅰ．①贪… Ⅱ．①斯… ②诸… Ⅲ．①金融行为－研究 Ⅳ．① F830.2

中国版本图书馆 CIP 数据核字 (2018) 第 205536 号

著作权合同登记号　图字：01-2018-5838

Insatiable : The Rise and Rise of the Greedocrazy by Stuart Sim
was first published by REAKTION Books, London, UK, 2017.
Copyright © Stuart Sim 2017
Rights arranged through CA-Link International LLC

书名	贪婪的七宗罪
作者	[英]斯图尔特·西姆
译者	诸葛雯
出版	中国友谊出版公司
发行	中国友谊出版公司
经销	新华书店
印刷	大厂回族自治县益利印刷有限公司
规格	710×1000 毫米　16 开 13 印张　150 千字
版次	2018 年 11 月第 1 版
印次	2018 年 11 月第 1 次印刷
书号	ISBN 978-7-5057-4478-3
定价	59.00 元
地址	北京市朝阳区西坝河南里 17 号楼
邮编	100028
电话	(010) 64668676

目 录

序言	I
引言	001
第一章　贪婪为何大行其道？个人与时代的迷思	001
第二章　贪婪的根源：欲望	015
第三章　贪婪与经济学：自由与管控的双重博弈	031
第四章　贪婪与金融行业：一切为了股东的利益	053
第五章　贪婪与食品行业：被暗中催发的食欲	069
第六章　贪婪与医保行业：金钱与健康的抉择	087
第七章　贪婪与政治学：当贪婪上升到国家层面	103
第八章　贪婪与体育行业：对成功与声名的追逐	123
第九章　贪婪与艺术行业：艺术创作的灵感源泉	131
结论：与贪欲共处	167
致谢	177
参考文献	178

序　言

哥顿·盖柯（Gordon Gekko）是奥利弗·斯通（Oliver Stone）所执导的电影《华尔街》（*Wall Street*, 1987）的主角。他的英勇事迹早已融入美国文化，其独到的见解——贪欲广受世人欢迎——尤其如此。盖柯坚信"贪欲是个好东西（greed is good）"，但凡想要涉足股票交易，就应问心无愧地奉行这一原则。他可不会为此心存愧疚！于他而言，贪欲就是生命的动力：是实现个人价值的最佳途径。然而，盖柯之流毕竟只是少数，多数人尚无法接受这样的原则——至少他们不会公开表示赞同。贪欲本具贬义，总能令人想起守财奴与残酷的资本家。鲜有人愿意被贴上这样的标签。但是，他们的举动也许完全是另一码事。正如本书即将阐述的那样，这些举动将金融、商业、经济、国际体育以及殖民帝国和新殖民帝国等连接在了一起。这些活动的基础是更贴近个人经验的人性。研究贪欲就是深入探究人类心理学中的隐秘之处。也许随着研究的深入，我们会逐渐感到不安，因为那里隐藏着一些不太合意的人性特征。

贪欲可以藏身在各种人类活动的伪装之下，个人大可以声称这些活动于社会有益——尽管他们往往心口不一。然而，只要你更加仔细地审视这些活动，便能在它们身上发现更多问题。例如，企业家与商界均认为，若不是他们付出了努力，我们根本不可能像现在这般富有。他们觉得，既然他们创造了就业机会并且提高了全民生活水平，从而推动了经济的增长、惠及了整个社会，社会就理应回报以财富。从本质上来说，这是新自由主义经济学的理论基础。无论它对贪欲进行了何种刻画，似乎都能证明贪欲的存在合情合理——也许这是一种恶习，但是无论如何，贪欲的存在不可或缺。贪婪也许是七宗罪之一，但评论家们会说，它是当今股市背后的推动力并因此建议我们摒弃一切反对的声音。如果你指责涉足其间的人贪婪，那只能说明你嫉妒他们的商业才干以及贪欲带给他们的成功（在他们看来，这完全合乎情理）。人人都将以某种方式从繁荣的经济中获益。对此，我们理应心满意足。同样，制药业巨头也可以说他们完全有理由抬高最新研制成功或是经过改良的药品的价格，因为继续大力投资、研发下一代药品符合公众的利益——从生活品质的角度来说，人人都能从中受益。

不可否认，贪欲早在新自由主义兴起或是股市诞生之前便已存在，但我们可以说，它们所营造出的社会政治气候会鼓励人们心怀贪念。客观地想一想便不难得出结论：股市投机不过是一种赌博——其他行业往往会对此嗤之以鼻。如果你在股市中亏了钱，朋友们也许还会替你觉得惋惜，可要是你把钱输在了赌场，留给你的便只剩鄙夷了。然而，不论你喜欢与否，股市都是现代社会的主要基础之一，这就意味着贪欲与赌博也同样深植其中。支持与反对贪欲的理由已不再如它最初出现时那般简单直白。

因此，贪欲甚至可以被视为是促进社会发展的动力——可以说，由于它根植于人类的生存本能，因而实际上成了一种基本的人性。但凡打算探究贪欲的人都必须牢记这一点。也许贪欲在人类进化的历程中曾经发挥过关键作用，它确保了只有"适者"才能生存下来。甚至连守财奴都会说，艰难的时势需要人们进行节流。我们都很清楚，厄运随时都有可能降临。贪欲似乎是人类心理素质与文化遗产的一部分，一如殖民主义与新殖民主义的贪欲（参见第七章），我们不得不向它低头。蹚过贪欲的历史长河后，我们便会发现，我们为此需要付出何种代价。

引 言

为何贪欲会引发关注

近年来,贪欲已成为公共领域中一个值得关注的突出问题。但是,为何它会引发关注?它在美国文化中扮演了何种角色?它是否如同哥顿·盖柯在电影《华尔街》中所说的那样,永远都是好东西?还是说这一说法只适用于某些特定领域?这是一个核心社会问题,也是本书将要探讨的问题。

首先,贪欲之所以能在现今获得广泛关注,主要是因为全球金融业在21世纪初呈现出了过度增长的势头。金融业在追求更大利润的过程中变得越来越肆无忌惮,甚至将风险推至了极限——甚至越过了极限。它在此间的成功令银行家与商人们赚得盆满钵满,这些人的薪水与年终奖高得让普通人恨得牙痒。只能说,其背后的推手就是贪欲。美国作家弗兰克·诺里斯(Frank Norris)认为,"无节制且不知足的贪欲(inordinate, insatiable greed)是令人沮丧的现代生活的特征"。多数人一生的劳动所得也抵不上他们的一笔年终奖。只有贪欲才能够解释这种现象,因为他们的工资水平已远超其生活所需。公众轻蔑地称这些人为"肥猫(fat cats,意指权势者)",他们压根不会顾及自己圈子以外的人究竟是死是活。巨额收入赋予他们的权力很快便会令他们上瘾并且促进"贪婪阶级（greedocracy）"的形成。汤姆·沃尔夫（Tom Wolfe）便在其讽刺小说《虚荣的篝火》（*The Bonfire of the Vanities*）中嘲讽了金融体制。主人公谢尔曼·麦考伊（Sherman McCoy）是一位备受瞩目的证券交易员，常常能够突然圈到大笔现金。他自鸣得意地回顾自己所享有的地位："在华尔街，他与少数一些人已经成了……宇宙的主宰。他们行事百无禁忌！"

然而，有时我们确实也会遇到禁忌，这个体系会在达到极限之后，完全失去效力。2007~2008 年信贷崩溃发生之时，它就突然停止了运转。这是自 1929 年华尔街股市崩盘以来，股市所遭遇的最大冲击。20 世纪 30 年代的这场"大萧条"在随后几年内拖累了全球各国，使世界经济形势变得十分严峻，从而掀起了一股针对银行家和金融家的抗议浪潮。然而，最近的这场危机却并未显著改变金融业的做法（奖金制度不可避免地延续了下来）。一个令全球文化评论家与政治家激烈争论的话题就是金融业催生的不平等现象。贪婪阶级也许正在日益壮大，但是显然，除此之外的人们却并非如此。一些颇具影响力的经济学家认为，日益增长的不平等现象是当今全球社会所面临的最大问题，他们同时也谴责了当前制度所依据的社会经济学理论基础：新自由主义。

保罗·梅森（Paul Mason）在其所著的以信用崩溃为主题的书籍《金融大崩溃》（*Meltdown*）中，对新自由主义提出了尖锐的批评。他坚持认为应将其视作一种意识形态，而非仅仅是一种经济理论，一种有计划、有步骤地使剩余人群变得更为贫困的"超级富豪阶层的秘密宗教"。由于新自由主义的基础是相信肆无忌惮的竞争——改变信仰之后的人们显然对这种信念深信不疑，看起来似乎是这样——而这种竞争极有可能会导致社会不公。如果你在这个体系内赢得了胜利，就会大获全胜，立即在你与大众之间划出一道财富的鸿沟。为了进一步扩大这种差距，你会左右这些人。基本假设就是，至少你确实"百无禁忌"。成功的网络企业家成了这个进程中引人注目的范例，他们往往能在很短的时间内将新成立的小型企业打造成价值数十亿美元的企业。梅森在2009年著书时曾指出，"今天，美国普通男性工人的实际收入不及1979年工人的收入。对于那些处在社会最底层的20%的穷人而言，工资的下降幅度则更大。"虽然梅森在书籍的副标题中预告了"贪婪时代的终结"，但是根据随后几年的观察，只能说他的预言过于乐观。相反，我们甚至觉得自己正在倒退回"兄弟，能否赏我一毛钱？"[①]的岁月。失业仍将继续成为一个巨大的社会问题，西方主要经济体的实际收入依然在下滑。在另一位声名显赫的经济学家保罗·克鲁格曼（Paul Krugman）的眼中，与其说"20世纪30年代"的全球经济大萧条宣告了"贪婪时代的终结"，不如说我们见证了"萧条经济学的回归"。

这不仅仅是20世纪才出现的问题。查尔斯·狄更斯（Charles Dickens）透过守财奴艾贝尼扎·斯克鲁奇（Ebeneezer Scrooge）这个角色向我们展示了一个栩栩如生的19世纪版"贪婪时代（age of greed）"的例子。从此，斯克鲁奇的名字便成了吝啬的代名词（就如同莎士比亚笔下的夏洛克）。斯克鲁奇的贪欲已经超越了社会所能接受的范围："一个压榨、扭曲、攫取、搜刮、控制、贪婪的老罪人！"这是狄更斯对于这个角色的介绍。继

---

① 20世纪二三十年代美国经济危机期间相当流行的一首歌曲。——译者注

续向前追溯欧洲历史，我们就会发现，贪欲是中世纪（约公元476年~公元1453年）与早期现代欧洲文化所担忧的一种恶习，因为基督教对这种世俗的追求表示谴责，认为它严重危害了人的精神前景（不知道中世纪教会如何看待哥顿·盖柯这类现代商人）。该时期的许多著名画作均以贪得无厌的守财奴为主题，如耶罗尼姆斯·博斯（Hieronymus Bosch）约在1485~1490年间创作的《死神与守财奴》（*Death and the Miser*）。

然而，一旦涉及钱财，教会自身也许就会变得十分虚伪。它在此期间聚敛财富，充分展现了自己的贪欲。例如，教会通过在整个欧洲销售圣物可以获得一笔相当可观的收入。然而多数时候，它们都是在欺骗信徒，因为这些圣物的真实性有待商榷。只要有钱就能买到赦免与免罪书。即便在教会内部也出现了反对的声音，一些教会中的高层人士曾警告说，这种做法会——借用文化历史学家迈克尔·派伊（Michael Pye）的话——给人留下"上帝之所以会做出宽恕人类罪恶之类的举动，仅仅是为了赚取金钱"的印象。更糟糕的是，上帝似乎在进行这些交易时暗中给予富人恩惠：你支付的金钱越多，能被赦免的罪恶也就越多。不论基督教教义号称自己代表了何种美德，贪婪的人们都站在了它的对立面。牧师常常告诉穷人，贫穷不会阻碍他们拯救自己的灵魂，然而在这样的体系中，你根本不会产生这种想法。既然金钱可以换取赦免罪恶的免罪书，那么牧师所说的一切就都是假的。教会正在用教义原则玩一场危险的游戏。即便在我们这个时代，梵蒂冈银行也曾因参与不法的金融交易而多次遭人指责。纵观历史，大型国际机构内部似乎总是贪婪频生。

诸如此类的情节终将成为历史，但改革未必就会出现。不过问题的关键就在于，几乎所有时代都存在类似的机构贪婪的例子。几年前，英国国会议员的开支问题原本会成为一则丑闻。遭到指控的议员异口同声地予以否认,后来,其中一些人滥用津贴与开支的罪名成立(希望他们会为此感到羞愧,但我们永远也不知道,贪婪的人是否会有这种反应)。在公共生活中,必然有人会在金融诱惑的面前展露贪欲。几乎可以肯定的是,未来,这样的人仍将不断涌现。"为何贪欲始终存在"与"为何多数人认为贪婪极不道德"一样,都是值得深思的有趣的问题。为何会有如此多的人臣服在贪欲脚下?为何它可以如此轻易地在制度环境中扎下根来?

我们也都知道,历史上的所有社会均被形形色色的罪行所困扰,我们的社会也不例外,由此便可证明,贪婪是人类根深蒂固的天性。如此之多的犯罪活动,包括盗窃与抢劫,背后的推动力是贪欲以及对于他人财产的觊觎。网络犯罪不过只是贪欲极其狡诈、可以适应任何环境以及能够利用一切新兴技术或文化发展的最新例证。犯罪行为似乎总能找到攫取他人财富的方法,似乎没有哪种体制可以免受其害。不论被捕入狱之后将遭受社会的何种惩罚,似乎从来都不缺少主动步入犯罪行列的人。暴乱或自然灾害发生之后往往都会出现劫掠,仿佛只需找到一个合适的机会。例如,空置或暂时废弃的商店和房屋会让隐藏在血液中的犯罪冲动翻涌上来,促使贪婪的人采取行动。我们似乎喜欢不厌其烦地阅读有关犯罪分子的故事,犯罪小说成了世界上最受欢迎的文学类型之一,同时也是电影制片人和电视制作人眼中永不褪色的魅力话题。显然,犯罪分子的贪欲令我们着迷。

可以说,金融体系以及全球范围内的大量创业活动的幕后推手正是贪婪。因此,从某种意义上来说,贪欲可以说具有重要的社会价值——仅限当系统运行良好时。哪家企业实体或是实业巨头不愿年复一年地增加收益?

从这个角度来看，也许我们有理由认为"贪欲是个好东西"，因为我们的整体生活水平极其依赖商界的繁荣。一旦经济衰退的浪潮袭来，受到重创的不仅仅只是企业，几乎所有人均会受到波及，而且所处阶层越低，受到的冲击就越大。也可以说，我们在盼望经济复苏的愿望同时，也在希望——当然是在不经意间——贪欲能够复苏。关键就在于"贪欲是个好东西"这个观念能走多远，金融贪欲的所有表现形式是否能为人所接受。哥顿·盖柯与谢尔曼·麦考伊之流也许不愿承认贪欲的领地存在边界，然而，这条边界确实存在。而且，只要我们走到边界的尽头，剩下的人很快便会意识到它的存在。

最后，这是一个关乎利润的问题。利润是金融贪欲的终极目标，为了预防股市出现混乱，是否应该对其进行一些社会政治监督的限制？我们必须对此事提起表决，因为一旦贪欲严重失控，就会对政治体产生毁灭性的影响。毕竟，在信贷崩溃过去几年之后，我们仍然深陷财政紧缩的泥潭。因为政府几乎不断对所有领域的投资进行削减，民众已经疲惫不堪，对于他们而言，复苏遥遥无期。那么，这是否意味着只要设定一定的上限，我们便可以接受贪欲的存在？若是如此，谁可以做出这种限制？又是基于何种标准？对社会而言，这些已经成了一个关键性的问题，但目前政府各部门尚未就其解决方案达成共识。既然新自由主义热情地接受了紧缩政策（对他人而非他们自己实施这种政策，奖金制度的延续显然说明了这一点），也许短期内仍然无法达成此类共识并实施具体限制。因此，我们更加有理由继续强调这个问题，促使人们就其进行讨论。

然而，金融贪欲并非是唯一一种会对我们的生活产生深远影响的贪欲的形式。我们也会提及对于食物、声名以及一般资源的贪欲："宇宙的主宰（Masters of the Universe）①"也许会披着各色伪装。所有案例中的关键因素都是自我中心性，而它通常会受到某种程度的社会制约——不过前提是，它开始对他人的生活与权利产生了负面影响。贪婪是一种欲望，而欲望未必就是一种违反社会准则的驱动力。壮志雄心的背后是想要获得某种个人利益的欲望，虽然说，如果这种欲望能够带来更广泛的社会效益，人们便会给予他更大的认可。评价企业家功绩的基准是他们如何造福于社会，艺术亦是如此。个人不仅会寻求经济利益，而且还会追寻情感与精神上的收益。对整个社会而言，艺术家的作品便具有此类情感与精神的双重意义。实现某些目标或是超越同行的雄心，往往是激发艺术家创作的动力，其最终的社会价值能够获得认可与赞赏。开发出于社会有益的产品或服务的企业家也能赢得类似的赞誉。这也能被视作是贪欲能为人所接受的一面，尽管一旦这些企业家所持有的财富飙升至数10亿美元并且一直在不断增长，公众给予他们的赞赏往往就会有所减弱。届时，许多市民就会开始怀疑，一个人到底需要多少钱才算够用。然而，看看那些最成功人士的财富与职业，我们不得不假设，对于一些人而言，再多的金钱都无法完全令他们感到满足。他们也许不会为自己的欲望贴上"贪得无厌"的标签，但是仅仅从表象来看，两者之间却有着惊人的相似之处。

在美国这样的国家，竞选活动一贯需要庞大的广告费等活动开支（无论是在国家层面还是在地方层面）。如果候选人没有雄厚的个人财富作为

---

① 《宇宙的巨人希曼》(He-Man and the Masters of the Universe) 是80年代风靡一时的美国动画片。生活在奇幻世界"埃坦尼亚"的王子亚当只要喊出咒语"赐予我力量吧！我是西曼！"就会变身为宇宙的主宰，与骷髅王作战，保卫家园。——译者注

支撑，那么便很容易在竞选过程中接受此类"好处（favours）"。这就为"金钱是个好东西"这一观念渲染了更多积极的色彩：显然，不接受赞助的政治家似乎是一类值得信任的政治家。然而，贪欲作为政治家的必备资质，却并不是一种尤其令人感到欣慰的想法，而且似乎也不符合民主的精神。

最终，这个问题就变成了，我们究竟愿意让自我中心性在公共领域中走多远，以及我们对于自我中心性的表现形式做出何种限制才可以为社会所接受。自由放任经济学热情地鼓励人们形成金融贪欲，而马克思主义经济学则试图将其根除——但巧合的是，双方都声称这样做是为了人民的共同利益。两种理论所涉及的是截然不同的自我观念及其所扮演的社会角色。社会通常能在这两个极端之间找到中间地带，只有当社会突然转向一个或另一个极端并试图维系较长时间时，问题才会爆发。因此，我们必须从政治层面探讨贪欲。国家也可以具有贪欲，19世纪的殖民主义历史及其在全球范围内对资源的疯狂掠夺便鲜明地证明了这一点。这种贪欲的形式能够产生持久的不利影响，即便在21世纪也依然发挥着效力。目前困扰全球的许多地缘政治压力正是源于对资源的贪欲（中东地区便是如此）。事实证明，当地给出的解决方案收效甚微。这种态度也未从西方文化中完全消失。人们常常指责新自由主义在对待发展中国家时，采取了一种新殖民主义的方式。为了西方国家的利益，对发展中国家的物资和人力资源进行剥削，某些享有特权的西方集团尤其变本加厉。到目前为止，大型企业、投资者和股东是全球化进程的主要赢家。为了将全球化进程作为一种世界贸易体系，人们给出了许多高尚的理由。在这其中，贪欲在许多案例中所造成的影响已经通过其他手段将全球化转变成了殖民主义。

因此，从这几个方面来看，贪欲存在问题，我们确实应该思考为何会出现这种状况，以及它所反映出来的人类现状。支持贪欲的理由是什么？反对它的理由是什么？历史上提出的正反面理由又是什么呢？此类调查不仅将引领我们步入经济领域——例如，亚当·斯密与马克思之间的理论对抗，而且还将带领我们踏进政治、宗教、心理学、社会哲学与艺术等各领域。就后者而言，文学、艺术以及最近的电影都为表现贪欲及其受害者身陷的困境提供了极其丰富的素材。本书将从形形色色的表现形式，从不同的立场和历史观点来研究贪欲，从而对其进行分析，思考我们能够对它的文化顽固性做些什么。贪婪阶级对于财富的欲望显然永无止境，我们必须立即着手进行应对。

第一章

贪婪为何大行其道？
个人与时代的迷思

尽管我已经简略解释了人们为何会将贪欲视作是一种有益于社会的现象，但是一般说来，很难提出更多充分的理由来支持贪欲。除了违反社会基本准则以及剥削他人这类常见的反对意见之外，也有一部分原因是它常常被那些表现出贪婪特质的人伪装成更为有益的东西，其动机就是通过辩称贪欲并非源自纯粹的利己主义来回避公众的批评。这样一来，人们就无法立刻察觉，我们当前所处的困境其实是由贪欲带来的。

促进地方发展？
——开发商惯用的"微妙"措辞

我所生活的英国地区曾出现过为了建造住宅而开发绿地的事件。这件事在整个英国引发了争议，它可以向我们详尽地展示贪欲究竟可以呈现出何种伪装。当地规划部门十分重视本地居民的抗议，它拒绝了一家房产公司提出的在绿地上兴建住宅的提议并且指出，保留大型城镇密集区周边的绿地于公众的健康和福祉有益，而且这也是多数西方城市的一贯做法。人们也许会认为这些理由很有说服力，但是房产公司也企图巧妙地博得公众的好感——它坚称自己是打算在一个远离拥挤、污染与噪音的宜人之所建造经济适用房，而此类项目自然也能创造就业机会。在这个经济紧缩、失业率居高不下的时代，这也是一项重大的惠民工程。这一点也在规划申请书中明确体现了出来。

这家公司从未提过"利润"二字，尽管这份申请书背后的真正驱动力其实就是利润而非公益事业（在私营企业中，公益事业充其量也就是一个模糊的概念）。这就是为何一旦他们想要赢得公众的支持，就觉得有必要披上某种形式的伪装。因此，他们会声称自己可以提供一些应该会受到公众欢迎的东西。如果完全无利可图，他们也许根本不会对这个项目产生兴趣。即便我们心里也十分清楚这就是世界运转的方式，但我们也往往会避免直接承认这一点。

随着英国的人口不断增长——尽管英国的人口已经相当稠密——绿地问题无疑仍将具有争议并且随之引发了不少激烈的冲突。由于住房需求量稳步上涨而住宅存量却日益不足，相关报道频频登上媒体，引发了大规模的讨论。通过水力压裂来获取天然气的操作方式也与之类似。虽然通过水力压裂技术能"榨取"更多的天然气，但它也会造成严重的环境问题，这公然将利润与环境对立了起来。这种对立就曾在19世纪大规模爆发。当时，工业化在整个农村地区的推进给那里留下了一片片至今都伤痕累累的土地。即便全球化的脚步正在不断加快，许多昔日重要的制造业中心却开始盛行去工业化进程。然而，就目前看来，在英国政府的大力支持下，支持水力压裂技术的游说团体似乎已经赢得了战斗的胜利。他们所抛出的惯用理由，无非就是可以创造就业机会，发展地方经济。英国已经在国内划定了各类勘探区，尽管在某些地区遭到了当地民众的强烈反对，勘探工作依旧紧锣密鼓地开展了起来。现在似乎已经无法回头，当前的问题是这项行动的最终覆盖面将有多广，以及它会对自然环境造成多大的破坏。在美国这样的国家，水力压裂行业早已被政府认可，并且由于它可以大幅削减美国对于石油进口的依赖，而开始被认作是美国未来能源供应的一个关键要素。只要我们依旧想要贪婪地攫取石油和天然气，这个行业就仍将持续发展，它对环境造成的影响也将不断恶化。

能源供应商一直在寻找新的利润来源，因为人类想要获取能源产品的欲望似乎永无休止。一旦离开了能源，多数国家的生活方式便无以为继。在这种情况下，这些供应商们完全没有保护环境的动力。至少从某种程度上来说，我们都要为此负责，因为我们都在使用能源，而且几乎没有表现出任何显著减少能源使用量的迹象。多数人支付得起并且随时可以获取的能源是西方人生活方式的基础。这就解释了为何企业会不顾日益增多的抗议活动，依然着手在北极地区开采石油。这一举措也许会带来更多后果极其严重的问题。我们一边抗议，一边却仍在不断消耗更多能源。绿色和平组织等环保组织已经就在北极地区进行石油勘探可能会产生的负面影响发出了警告，但是大型石油公司却对这些警告充耳不闻，他们或是声称环保主义者夸大了可能会出现的风险。总之，利润绝不会轻易让步。

尽管如此，我们仍然可以提出一个观点：如果可以在追逐利润的过程中创造就业机会、提供公共设施，那便也能实现公益。尽管我们不能、也不应该以此对它可能造成的任何不利于环境的影响进行辩解。不可否认的是，在过去的一个世纪里，人们的生活水平已经有了很大的改善。我们不得不承认，以利润为导向的意识形态在这一过程中发挥了作用。尽管它是否依然能够在紧缩型经济体制下发挥作用仍有待商榷，但是这个观点完全站得住脚。不论是我们的工作，我们作为消费者所购买的商品，抑或是我们所使用的能源，我们全都在利用他人（公司或个人）表现出的贪欲。我们十分欢迎贪欲为我们的生活方式带来积极影响，因此，这也是对于贪欲的一种绝佳辩护。我们或许应停下脚步，开始好好思考。

人非圣贤，孰能无"贪"？
——贪婪是人类的本性

虽然我们也许能够以此为借口来为贪欲辩护，但是大多数人更有可能被反对贪婪的论点所说服，尽管这不是说他们自己永远不会显露出贪欲。谁能够坦白地说，自己从未有过任何贪婪的举止，哪怕自己当时不过是一个年幼无知的孩童，哪怕这种行为微不足道？孩子们往往会因为自己所表现出的更为明显的贪欲而受到约束——例如，抢夺最大的那块蛋糕，或是拒绝与他人分享。此类行为在成年后偶尔也会死灰复燃，即便我们知道这种行事方式是反社会的。已经成年的你是否曾在聚会上故意挑选了最大的那块蛋糕？你是否曾拿走过餐盘中的最后一块三明治，或是餐桌上的最后一杯饮料？你是否曾在百货公司甩卖的时候抢过最后一条打折的裙子或衬衫？你是否曾决定将所有东西都留给自己而不是选择与他人分享？我怀疑很多人都曾在某些时候（甚至是大部分时候）做过这样的事情。但我们事后并未因此太过苦恼，或者压根便没有苦恼过。

所有这些确实表明，贪婪是存在于我们性格之中的一个特征，即哲学家斯图尔特·萨瑟兰（Stewart Sutherland）所强调的"个人的普遍特征（a universal characteristic of individual human beings）"。可以说，这也许是因为贪欲在人类进化的过程中起到了一定作用的缘故，也许对于资源的贪欲的确确保了适者生存的法则。放任自由的资本主义辩护者们往往会引用达尔文的理论——通过相互竞争来确定谁才是经济领域中最适合生存的企业——来解释人类行为的这个方面。然而，批评者们往往认为，这是对于达尔文理论的简单解读。值得一提的是，马克思从中得出了一个截然不同的结论：他将资本主义视作是社会进化过程中的一个阶段，该阶段最终将被共产主义所超越。从政治上来说，人们至今仍在这个问题上存在保守与激进的分歧。前者认为，贪欲可以推动经济的发展，是一种于社会有益的特征；而后者则认为，为了多数人的利益，人的贪欲必须被克服。不过，两者均认可，贪婪是人性的一个方面，它们的分歧仅在于我们能将这种欲望延伸到何种程度。如果人生而贪婪，那么股市投资者的行为就可以被视作是这种"普遍特征"被放大后的例子。如果身处同样境地并且拥有类似的可支配手段，几乎任何一个人都完全有可能像顶级投机者那样，全力关注个人利益，随时准备采取必要手段来战胜竞争对手（并且因为自己所取得的成就而感到沾沾自喜）。然而，多数人永远也没有机会走到那一步，可即便如此，这种观点也难免令人心生忧虑。这表明：人人都处在贪婪光谱中的某一处，一旦机会出现，我们也都会向着光谱的某一端移动。

多数人似乎本性好赌，蓬勃发展的博彩业便可证明这一点。因此，在这种情况下唤醒沉睡的贪婪本能也许并不困难。例如，由于互联网上出现了众多博彩的机会（如果选手为了获取报酬，最终同意与赌徒合作，便会对职业体育运动产生负面影响），许多原先根本不会踏入投注站或赌场的人也被吸引到了赌局之中。既然安坐家中，轻敲键盘便可轻松下注，对于某些人来说，赌博便似乎发挥出了无法抗拒的吸引力。挪威作家托雷·伦博格（Tore Renberg）在小说《明天见》（*See You Tomorrow*）中塑造的主角帕尔·法格兰（Pal Fagerl）即是如此。帕尔的生活因此变得一团糟，因为，作为一名地方政府官员，他实际上已经无法依靠自己微薄的收入偿还债务。即便明知自己是单亲家庭中的主心骨也是枉然。走投无路的他只得求助于一些无赖，并且向他们坦言，自己需要100万挪威克朗（约合7.6万英镑）才能清偿债务。但是与此同时，他背上的债务却像雪球一样越滚越大："输了，输了，输了……继续，继续，继续……个人贷款，信用卡刷爆了。"赌博与投机只不过是换了一张皮囊而已，无论你试图在何处实践——我敢打赌，下一次你就会去钻体制、股市或其他方面的空子。贪欲总会趁着我们试图空手套白狼的时候，悄悄潜入这个制衡的局面之中。

资本主义社会
——滋生贪婪的温床

在贪婪与资本主义之间画上等号是马克思主义者的惯常做法。贝尔托·布莱希特（Bertolt Brecht）与库尔特·魏尔（Kurt Weill）创作的音乐剧《三毛钱歌剧》（*The Threepeny Opera*, 1928）及《马哈哥尼城的兴衰》（*The Rise and Fall of the City of Mahagonny*, 1930）便是马克思主义对贪欲所发起的最为猛烈的攻击。《三毛钱歌剧》改编自约翰·盖伊（John Gay）于18世纪所创作的《乞丐歌剧》（*The Beggar's Opera*）。原作本身便充满了贪婪的实例。在《三毛钱歌剧》的刻画下,乞讨演变成了一项欺诈公众的产业——资本家的贪婪已经渗入了各个社会层面,整个伦敦的丐帮均握在乔纳森·耶利米·皮胡姆(Jonathan Jeremiah Peachum)的手中。他手下的喽啰们套上符合其身份的褴褛衣衫,扮出一副惨遭贫穷或疾病蹂躏的模样,化身为"穷困潦倒"或"身体残疾"的乞丐,遍布城市的每一个角落,骗取市民的怜悯与同情。正如戏剧铺垫部分所描述的那样:"为了与人们日益变硬的心肠相抗争,实业家皮胡姆先生开了一家店。他们可以替赤贫的人化妆出一副足以触动最铁石心肠的人的外表。"与我们预料的一样,皮胡姆十分精通盘剥手下乞丐的路数。看来,只要能够带来可观的利润,任何"行业"都能为人所利用。从事这一行业的人似乎都不会因为自己所选择的职业存在道德上的疑虑而感到苦恼——这只不过是自由放任经济体系的一种运行方式,是成为企业家的一条有效途径而已。只要你已经准备好以足够冷静的心态对其进行审视,乞丐这个行业就不会比任何其他行业更好或是更差。

《三毛钱歌剧》的灵感来自于《乞丐歌剧》。在对其灵感进行探究的过程中,我们发现,布莱希特显然十分忠实于原作的腔调。他对当时的道德观所做的冷嘲热讽与皮胡姆在开幕曲中的抨击不相上下:

在所有行当之中,
好人都曾欺凌过自己的弟兄;
妓女和流氓互称夫妻,
各行各业之间彼此欺诈。
牧师称律师是骗子,

> 律师则指责牧师是流氓；
>
> 而政治家，因为他是如此伟大，
>
> 而认为他的职业与我一样诚实。

皮胡姆接着写道，他不觉得需要为自己的谋生方式而感到羞耻，因为在他所处的社会之中，所有人都与他一样，忙着为了自己的利益而剥削他人。你无法根据外表对任何人做出判断，虚伪是那个时代的标志："律师是一门诚实的行当，我的也是。他和我一样，都在以双重身份行事，既打击流氓，也帮助他们。仅仅因为这样做比较合适，我们就应该保护和鼓励骗子的行径，因为我们以它们为生。"总而言之，贪婪已经渗入了社会的方方面面，而且在贪欲蔓延的过程中，腐败也逐渐滋生。每个人都在环境允许的范围内，以自己的方式欺骗他人。也许盖伊与布莱希特的剧本只是一种艺术创作，但实际情况却未必与剧本相去甚远。只要想想18世纪以及我们这个时代所发生的众多丑闻就会发现，两位作家均未利用自己愤世嫉俗的言语进行天马行空般的想象。继信用崩溃之后，国际足联和国际田联又被爆出存在高级官员收受贿赂与财务舞弊的行为，人们很容易因此变得情绪失控。一旦牵涉其中的所有主要人物屡屡否认自己曾经收受贿赂时，这种情绪便会来得更加猛烈。

《马哈哥尼城》在资本主义这个问题上采取了更为强硬的态度。布莱希特透过这部作品向我们展示了他眼中的古怪美国：这是一个完全建立在贪欲之上的社会。在这个社会中，人类行为的唯一仲裁者就是金钱。布莱希特之所以会选中美国绝非偶然。一方面，痴迷于经济发展的美国社会很快便声名在外，而另一方面，美国商界的残酷同样闻名于世。人们以极其危险的速度积聚或散尽财富。这是"兴旺的 20 年代（roaring twenties）"留下的后遗症。当时，繁荣的股市在全国范围内掀起了大规模的贪婪的浪潮，最终引发了灾难性的华尔街股灾。贪得无厌的资本主义是布莱希特作品中反复出现的一个主题，他最为知名的剧作，1939 年出版的《大胆妈妈和她的孩子们》（*Mother Courage and Her Children*）也是如此。回到刚才的那个话题，马哈哥尼城的道德准则与法律制度均建立在财富的基础之上：有钱便是重要的社会成员，没钱就是社会的败类。对于那些手中握着待售商品与服务的人来说，通过何种手段来攫取财富根本无关紧要，他们只关心如何才能尽可能迅速地将现金从富人的口袋中掏出来。只要供应能够满足需求，那就无需过问。然而，一旦手里没有了现金，你就会像剧中的吉米·马奥尼（Jimmy Mahoney）那样，在顷刻间发现自己已沦为贱民，不能再指望着从以前的朋友和熟人那里获得任何帮助。他们最终会一个个地离开自己身旁。在一个崇尚财富的社会中，人们需要尽量避开别人的不幸。布莱希特认为，马哈哥尼城是典型的资本家的"天堂"。在那里，没钱就是罪过。即便我们觉得这有些牵强，但是现代社会也常会从类似的角度来看待人们要求获得福利的行为。就仿佛贫穷且需要获得经济支援完全是个人造成的错误，而非经济环境带来的影响。右翼政治家尤其对失业者持有这种看法并且倾向于传播这种观点。在经济紧缩的文化中，贫穷被打上了耻辱的烙印。

吉米与朋友们从阿拉斯加来到这里。在卖力工作 7 年攒下一些积蓄之后，他们受到了城中商界的热情欢迎。商人们十分乐意并时刻准备着满足他们的所有需求。在城里，什么都可以买卖，摆阔是一种常态，人们喜欢大张旗鼓地宣传所有事。友谊、性与爱情都被纯粹地视作是一种金钱交易,马哈哥尼城已经将正常的人际关系隔离在城外。莱奥卡迪雅·贝戈比克(Leocadia Begbick)其实就是个拉皮条的。他在将一个名叫珍妮的妓女介绍给他们时,就明确表明了这一点:"这个姑娘是为你准备的,奥布赖恩先生。要是她屁股扭得不好,那你还不如用这50美元去买吐司奶油牛肉!"奥布赖恩还想继续讨价还价,但是吉米接受了这个价格并因此买到了虚假的爱情,只要预付50美元。这群伙计们开始狂欢,他们酗酒、赌博、暴饮暴食,只要兴致一起便开始滚床单。这样的生活方式极具诱惑力,只要你能付得起钱。而且关键的是,在他们还能付得起的时候,只要现金流不断,"爱情"就不会消失。

当然,这是一部分人的观点,他们倾向于相信资本主义制度最为阴暗的一面,认为它不可避免地会导致公共腐败与个人腐败。在布莱希特等人的眼中,资本主义会激发出人性中最为丑陋的一面,它以牺牲人际关系为代价,为贪欲提供了一个公然蓬勃发展的环境。在他的戏剧中,资本家会公然炫耀自己的动机。他们追逐金钱,并且会竭尽所能地去攫取金钱。正如布莱希特在《三毛钱小说》(*The Threepenny Novel*,音乐剧的后续作品)中对于一个不法商人的挖苦:"他从不碰任何肮脏的东西;他总是戴着手套。"在现实生活中,资本家往往极其擅长将自己的贪欲隐藏在某些显而易见的利他动机背后:公益事业以及它所创造的不断增长的经济与就业机会,或是可以使我们的生活变得更加便捷与舒适的产品或服务。对于这些说法,我们心知肚明,布莱希特亦是如此,但是他拒绝被其所蒙骗。在他眼中,这些代表了一种通过牺牲别人来换取财富的反社会欲望。前文所提及的绿地开发、水力压裂技术或是北极石油勘探等问题中都能找到这些理由。问题就在于,多数时候,我们都对此表达了赞同,或者至少通过使用这些商业活动的产物表示了默许。贪欲确确实实在我们的生活中日益凸显，无论我们是否已经意识到它的存在，或是正在寻找它的踪迹。因此，我们有必要知晓它已经并将继续对社会所产生的影响。

现今的文化冒着被人认为是过度说教，也许甚至是严格刻板的风险，将延时满足拒之门外。商界的主要目标之一似乎就是将延时满足这个念头从我们的经验之中抹除，而且它一直在孜孜不倦地实现这一目标。例如，由于在线订购可以大幅缩短交货时间，企业便会在广告中夸耀这一点：轻点鼠标，产品即刻出库，一般不出几个小时便能送达客户手中。只需轻点鼠标，即可在互联网上下注，而且不必等待太久，便可知晓下注的结果。如果你的运气不佳，那么银行账户的扣款详情也会同时显示在屏幕上，因为建议的赔率只是最有可能出现的结果（《摆渡人》①中那个倒霉的主角就几乎逢赌必输）。我们期望能够立即满足自己想要拥有某物或是做成某事的欲望，因此，一般而言，商店每周7天开门营业，并且推迟关门时间，在很多情况下甚至24小时不打烊。当然，网店更是全天候在线，在你打定主意消费时为你提供帮助。延迟满足被演绎成一个应该被逐出我们的经验，至少是购物经验的敌人——在消费社会中，还有什么比这更加重要吗？

不是说延迟满足本身就是一件好事，它未免有些过于严格、刻板。但是，社会越是教导我们相信必须等待欲望获得满足是一种罪恶，我们就越有可能屈从于自己的贪欲。贪婪的人根本不愿等待。他们的字典中本就没有收入"耐心"二字，他们希望尽快实现自己的愿望，而且这一过程最好无限

---

① 由王家卫监制的爱情喜剧片，讲述了"金牌摆渡人"酒吧老板及其合伙人拯救情感落水者的故事。——译者注

延续下去。商界自然乐意应允。在这种对延迟满足持否定态度的文化中，贪欲获得了蓬勃发展。请注意，1月份的销售广告就常常怂恿我们趁着特价商品还有库存，抓紧时间购买。他们会尽最大的努力来证明，我们完全没有必要经历一番等待之后再去购买自己心仪的商品，除非你本就是冲动行事之人。根据由来已久的销售传统，购买同款产品的所有人都在就贪欲相互竞争。在这种情况下，我们无法维持可接受的贪欲与不可接受的贪欲之间的必要平衡。如果不想让自我中心性成为个人行为或公共领域的行为规范，这种平衡便不可或缺。除了新自由主义者之外，我猜，我们之中的很多人更愿意见到周围的自我中心性有所减少，而非逐渐增加——无论它是否是人类进化产物中的一个部分。我们也应该注意到，贪欲与眼下的利润动机，为人际关系奠定了一个极其糟糕的基础。即便资本主义社会的状况未必会一直如布莱希特所声称的那样糟糕，但至少在一段时期之内确是如此。贪婪的世界为我们设下了各式各样的陷阱，如果想要怀着一颗正直之心在这个世界上生存下去，那么了解这些陷阱的运作方式就显得十分重要了。贪欲会带来痛苦与不幸。现在，摆在我们眼前的问题就是，如何才能控制贪欲？

第二章
贪婪的根源：欲望

17世纪的哲学家托马斯·霍布斯（Thomas Hobbes）认为，有一种无法阻挡的欲望一直在激励着人类，那就是对于生存的渴望。霍布斯认为，人类生而便以自我为中心，我们首要关心的问题就是确保自己的人身安全。除非存在一股足以令我们屈服的强大的政治力量，能够对其进行严格约束，并能确保我们将继续服从它的统治，否则，我们会为了实现这一目的而不自觉地牺牲他人的利益。然而，即使在最强大的政府的控制之下，贪欲作为人类自我中心的一种体现，依旧会表现出来。

生存本能的异化
——个人欲望已成公共秩序的最大威胁

商业大亨们全都敏锐地意识到，对于资源的食欲越大，我们越是能够成功地为自己抢到更多资源，从而拥有更大的掌控他人的权利。这就是政治哲学家麦克弗森（C. B. Macpherson）提出的"占有性个人主义（possessive individualism）"。由占有性个人主义引申出的私人财产权已被写入了现代政治体系之中,根据该体系,个人财产神圣不可侵犯。正如麦克弗森所言:"政治社会成为了一种用以保护个人财产、维持有序交换关系的精心设计的手段。"这是我们能够理解的贪婪心理根源,即便我们未必赞同它的观点——马克思主义者显然并不这样认为,他们觉得贪欲是一切社会问题的根源。也许财产私有制会遭到马克思主义者的唾弃,但是拥有一套自己的住房却已近乎成为西方社会每一个人所迷恋的梦想——要是还能再配上一个大花园、一块私有土地,那就再好不过了。鲜有人不会生出这样的渴求。

财产所有权是民主社会的一个基本要素。尤其是西方国家的政府特别热衷于维护这种权利,因为它在经济发展中扮演着重要的角色。抵押贷款是一桩大生意,银行高度依赖抵押贷款市场的营业额来增加利润,以此令股东们满意。因为随着时间的推移,银行可以从中收取巨额利息,抵押贷款的利润率可能会变得非常可观。它的缺点则是,一旦抵押贷款行业失控,便会不可避免地引发经济上的连锁反应。2007年8月爆发的所谓的"次级信贷(sub-prime loans)"危机就迅速引爆了这种反应。最终,次贷危机演变为"无节制且不知足的贪欲"犯下严重错误的典型例子。银行违反与此类贷款相关的经济常识,将贷款发放给了低收入、高风险的贷方。当债务人大举违约之后,所有人全都必须在经济紧缩的时代自食恶果。这件事让银行体系陷入了一个相当混乱的境地。为了避免关门大吉,许多银行均要求政府实施紧急财政援助,理由是它们因为规模庞大而不能倒闭,如果政府放任它们自生自灭,那么整个经济都将面临重大风险。由于金融业一向反对政府插手它们的事务,认为这种做法会使自由市场的运作失真,现在这个结果就颇具讽刺意味了——遭到它鄙视的体制现在却要来拯救它。并不是说,经此一劫之后,贪欲已被逐出了金融行业,它依然是其中的一个因素，一如往昔。将这种贪婪特质表现出来的欲望早已深植在从业者的心中，即便出现了暂时的"困难"，也不会偏离它的正常轨道。霍布斯十分清楚地意识到了其中所涉及的人性所展现出的精神状态。

普遍的欲望一直是现代哲学家非常感兴趣的话题，其中的许多人，如吉尔·德勒兹（Gilles Deleuze）与费利克斯·瓜塔里（Félix Guattari）已将其视作是一种应被给予最广泛的表达空间的驱动力。不论是从欲望还是从政治的角度来说，压制欲望或是镇压人民都是一种反社会的活动，而且人们也提出了各色的观点来提高整个社会对欲望的宽容度。米歇尔·福柯（Michel Foucault）从同性恋的角度入手，概述了自古典时期①以来，西方社会对于同性恋的态度的变化。由于不同的时代具有不同的文化气质，各个社会对于同性恋的压制程度也有所不同。可以说，社会对于女性的性欲的态度亦是如此。一般而言，女性的性欲会在父权社会中遭到压制。社会经常处在矛盾之中。一方面，若表达与性事有关的欲望变得更为容易，这便会受到更广泛的民众的欢迎；但另一方面，支持自由表达一切欲望——如贪欲——的主张则更成问题，如果自由主义者在这一点上做过了头，就会对公众产生不利影响，从而削弱社会纽带。

德勒兹和瓜塔里声称，我们应该将自己视作是一台"欲望机器（desiring machines）"。文化试图驯服并且控制我们，从而阻止我们的欲望得到满足，因此我们必须尽全力挫败它的企图。这种说法承接了弗洛伊德所谓的"被压制之物的归来（the return of the repressed）"。弗洛伊德认为，欲望虽

---

① 古典时期是对希罗世界（以地中海为中心，包括古希腊和古罗马的一系列文明）的长期文化史的广义称谓。

可被压制，但却无法彻底根除，它最终会找到一个突破口。而且如同弗洛伊德所警告的那样，它所选择突破的方式未必见得有多积极。压制是"自我与呈现在其面前的一些想法之间……的不协调性"的产物，自我试图排斥这些想法，但是未能成功："此类抗拒无法彻底浇灭那些想法，而只能将其压制到无意识之中。"然而，我们不能总是假设所有欲望都值得表达：虐待狂与精神病患者具有强烈的伤人甚至是杀人的欲望，这种欲望完全不符合社会利益。与我们所有人一样，法西斯主义者也有欲望，但是允许他们表达这些欲望的社会与我们设想中的现代自由民主制度是对立的，不管一个民族政体有多么自由，它仍需在可以允许个人做什么这个问题上设定底线。

还有一个问题就是，哪些欲望是自然的产物，哪些又是后天形成的（贪欲是我们在此最为关心的一个相关例子）以及社会应给予两者怎样的自由度。不论前几代人通过什么法律来规范个人行为，这些是所有社会都必须面对的重大问题。为一个历史时期所接受的行为也许会在另一个历史时期遭到过于严格的限制或是过于宽容的放纵。在这个方面，有关同性恋行为的法律为我们提供了一则有趣的案例。1967年前，英国将同性恋列为犯罪行为，但是自那一年起，它遭到了许多次公众的抗议，直到2014年，英国、威尔士与苏格兰最终宣布同性恋婚姻合法。这是差异性与多样性在面对歧视势力时所获得的明显胜利。在吸食毒品问题上所发生的态度转变也是一则有趣的案例。例如，维多利亚时代的人们喜爱吸食鸦片酊。在19世纪中叶以前，英国药店甚至公开出售鸦片酊。托马斯·德·昆西（Thomas De Quincey）与威尔基·柯林斯（Wilkie Collins）等作家可以轻松地定期获取鸦片。前者便在《瘾君子的自白》（*Confessions of an English Opium*

Eater)中明确记载了这一点。事实上，偶尔吸食鸦片的知名公众人物的数量惊人。这种行为很可能会遭到现代社会的斥责，因为它为人们树立了一个糟糕的榜样。但这个问题永远也无法得到彻底解决，它必将成为争议不断的话题，经过一代又一代人的争辩，实现一次又一次的妥协。我们在21世纪所面对的情况也不例外。

霍布斯根据自己对人性的看法提出了国家理论与最有效的政体的构成形式并因此变得有些声名狼藉。对于霍布斯而言，生存本能是人类的主要驱动力。由于利己主义是它唯一关心的内容，它会使人类在不断的竞争中反目成仇，从而可能对社会造成极大的破坏。人类个体一直在努力使自己的人身安全最大化，并且试图竭尽全力做到这一点。在霍布斯的观念中，生活是一场为胜利而生的苦战，而自然状态下的人类极端地以自我为中心、自私自利、只关注自己的幸福。如果所有人都以如此强硬的方式参与竞争，个人的人身安全就几乎不可能得到保证，争斗永远也不会停歇。霍布斯认为，所有公民社会都会面临同样的问题：如何维护公共秩序，从而保证所有人的人身安全，而不是受到他人永无止境的阴谋的威胁。

可以这样说，霍布斯的假设中并没有什么能够特别引发争议的东西。确保公共秩序是所有国家均需关注的最基本的问题之一，因为如果公正秩序无法得到保证，那么整个国家就无法正常运转。公共秩序的表现形式也许有所不同，但它始终是我们需要首要考虑的问题。鲜有人会不赞同这样做的必要性，也许一些无政府主义者除外。但是当我们开始思考霍布斯提出的解决方案时，问题便出现了。霍布斯坚决反对任何形式的分权。他认为，民主是最糟糕的政体，它极易受到无法预测且变幻莫测的舆论和竞争派系所施加的影响。对霍布斯来说，差异性与多样性才是决定性因素，我们应该不惜一切代价将其挡在政治大门之外，因为它们有可能会导致社会混乱。相反，他推崇的是拥有无限权力的绝对统治者的概念：我们现在称之为独裁或极权的政体。在霍布斯式的国家里，所有人都将自己的自然权利永久地交给了当时在位的君主及其继承人。君主的意志不容置疑，君主集万千个人权利于一身，他享有无论如何行事均无须惩罚的特权。在霍布斯看来，另外一种选择就是彻底的无政府状态，每个人都试图控制别人——这种可怕的"自然状态（state of nature）"中上演着"所有人对所有人的战争（every man is Enemy to every man）"，谁也无法感受到彻底的安全。尽管绝对主权无疑将十分严苛，但是霍布斯认为，它绝对比缺乏任何有效的保障、任由危险潜伏在每个角落的生存状态更加可取。可以说，这种情况值得我们付出放弃自然权利的代价。

霍布斯的观点假定，从本质上来说，人类会受到对于权力的贪欲的驱动：握有支配他人的力量就可以使自己的生存变得更加安全，至少从理论上来说，由于所有人都受到了同一种驱动力的驱策，这种贪欲永远也无法获得完全的满足；对于社会的平稳运行而言，这未必有利。然而，民族国家的行事风格中往往带着对于权力的渴望，这一点从它们不断扩张疆域的行为中便可见一斑。没有任何一个全球性的主权国家能够约束所有国家——在这一方面，联合国的效力十分有限，因为它只能对各国提出劝诫但却无权强迫它们遵从自己的提议。因此，国与国之间会发生，而且经常发生纠纷。毕竟，战争是人类历史上反复出现的一个主题。我在撰写书稿时便能举出不少例子证明，对于领土的贪欲往往是引发战争的一个主要因素。

你不必太过耗费想象力，便能以类似的方式来审视商业世界。商业大亨们给人们留下的印象肯定是，他们在同一种冲动的驱使下，总是想方设法地扩大自己商业帝国的版图，统治所有的竞争对手——一场永无休止的斗争。现代历史中充斥着这样的个人，商业世界也旨在鼓励这种行为。永远没有什么能让商业巨头觉得满足，他不得不假设自己的竞争对手正在不断密谋着要削减他的市场份额，夺走他的权力。如果想要始终立于不败之地，就必须时刻保持警惕；这是竞争环境对竞争参与者们提出的要求。哪怕只是片刻的松懈，你也会很快被人甩在身后，因为人们认为危险潜伏在这个王国的每一处角落。因此，从商业巨头的角度来看，贪婪便成了企业发展的必要特质，一种相当于"自然状态"的生存机制。一般而言，公众们认为，如果想要发展经济、提高生活水平，商业世界就必须采取这种运行模式。也许，对于我们所创造的这种社会来说，贪婪确实必不可少，但是这种想法却无法令人感到宽慰。

压制还是满足？
——如何处理"棘手"的个人欲望

德勒兹与瓜塔里围绕"资本主义与精神分裂症"这一主题所撰写的两本书《反俄狄浦斯》（*Anti-Oedipus*）与《千高原》（*A Thousand Plateaus*，法语原版分别于1972年与1980年出版）在知识界引发了相当大的轰动。两本书均声称，现代世界致力于在意识形态上压制人类的欲望。它们代表了人类想要抵抗文化中那些旨在压制欲望的各种制度的不懈要求，并且秉持了一种新颖——乍看之下不切实际——的立场，建议个人将培养精神分裂症作为一种智识压制行为的手段。不过，他们用了一种别出心裁的方式来提倡精神分裂症，因为它必须配以一定的政治议程才有效。德勒兹和瓜塔里将他们所提出的精神分裂症与被他们称作"可以在精神病院中见到的人为的精神分裂症——那些穿着破衣烂衫、被迫表现出自闭症行为的跛脚的家伙"进行了比较。他们眼中的精神分裂症患者更具破坏性。他的目标就是挫败体制所拥有的权力，使其无法利用这种权力来迫使民众随大流，不然的话，体制就会通过这种方式对民众进行控制，使他们以可以预见的方式行事——一如霍布斯所想的那般极其令人称心。精神分析就是为了实现这一目的而采取的手段，它的前提便是世间存在"正常"人格，一切有别于正常人格的人格变体都不为世人所接受。正如保罗·沃黑赫（Paul Verhaeghe）所指出的那样，这是"将正常状态视作理想状态"，它意味着"从意识形态上对人类应当如何行事这一问题所给出的限制"正在发挥作用。多样性与差异性被视作是内部敌人，是对于意识形态不可靠性的预警，因而会对社会秩序构成威胁。

西格蒙德·弗洛伊德（Sigmund Freud）提出的俄狄浦斯情结正是这样一种对正常人格类型所做的假设，而且对于德勒兹和瓜塔里来说，俄狄浦斯情结象征着一种在现代文化中运转并且影响日趋广泛的趋势，这种趋势试图完全抹杀那些与众不同的行为。在统治阶级的眼中，与众不同就是一种威胁，德勒兹和瓜塔里将统治阶级的群体力量戏称为"俄狄浦斯"。他们称："俄狄浦斯认为，理应对欲望机器进行绝妙的压制。"他们将自己定位为"反俄狄浦斯"的支持者，建议我们抵制当权者加诸在我们身上的行为准则，并且采用可以挫败该体制的不可预知的方式来行事。只有这样，我们才能遵从本性，完全实现自己的欲望；才能将俄狄浦斯作为应被压制的主要代表之一，从而抵制隐藏在资本主义制度背后那种试图控制他人的权力的贪欲。德勒兹和瓜塔里驳斥了弗洛伊德提出的欲望是"缺乏(lack)"的产物这一观点,虽然这种短缺的观念似乎正是贪欲常见的呈现方式:对于我们尚未拥有的东西的渴望,例如金钱、名望或权力。对于德勒兹和瓜塔里来说,欲望具有更为积极的意义,只要能够设法摆脱压制,它便能对社会秩序与政治秩序产生威胁,而且他们认为这种欲望理应受到欢迎。

然而,在我们的文化中,欲望所面对的却是"没有器官的身体(body without organs)"——一个由"缺乏生产力、毫无劳动成果、无法形成、不可消费(the unproductive, the sterile, the unengendered, the unconsumable)"等反社会特征所构成并且"将一切剩余价值留给自己"的实体(霍布斯理论中那些处于自然状态的个体就是这样做的)。我也曾在其他地方提过,这句话最适合用来形容现代资本主义(马克思也曾对剩余价值的分配进行过抨击)。但是如果将贪欲视作是一个抽象实体,那么也可以说,它从多角度对贪欲进行了描述。显然,贪欲试图将所有剩余价值据为己有并最终成为其所在社会的寄生虫,为实现自己的利益逐渐消耗社会资源。贪婪的人会不断索取,而非给予,因此,从这个意义上来说,他们的确既缺乏生产力,又毫无劳动成果(这种描述也适用于罪犯)。避税现象,尤其是较富裕阶层的避税行为就是态度的典型体现。如果能够逃脱处罚,他们当中的许多人绝对希望能够在给予更少付出的同时,从社会中捞得更多回报。德勒兹和瓜塔里认为,我们不应放任自己成为此类行为的奴隶。相反,他们建议我们接受"游牧主义(nomadism)"的观念,拒绝被任何特定的活动、生活方式或观念所束缚,像传统的游牧民族那样,四处漂泊,从不在某处定居。贪欲更难在这种情况下获得发展(至少金融贪欲是如此）。如果游牧主义得到普及，当前的世界经济秩序显然就会发生振荡，由市场驱动的社会这一观念也会被颠覆。这种生活方式是否适合现代人的心理且另当别论，即便我们确实可以对它寄予厚望，期望能够凭借它摆脱社会的限制、获得更多自由。

然而，多数人都能认识到，我们至少应在一定程度上对欲望进行遏制，否则，社会存在很可能会陷入完全混乱的状态。听起来游牧主义似乎一切都好，但我怀疑很少有人能够无限期地忍受这样的生活方式——即便是德勒兹和瓜塔里，原本也是希望人们能够理解这个术语的比喻意义，即它是一种避免意识形态教条主义的方法。而且，通过形成精神分裂症来逃避意识形态体系所提出的要求这样的做法也不具备普遍的吸引力。如果将不可预测性发挥到极致，那么人们很快就会迷失方向。不可否认的是，人类的欲望会走向一些非常令人不快的极端，就如连环杀人、种族清洗或强制劳役等所体现的那样。挑战体系是一回事，将同胞的安全置于危险之中显然又是另一回事。无疑，放任欲望随心所欲地发展几乎就会产生这样的效果，也许很快就会出现这种现象。就贪欲而言，我们必须在欲望这个问题上做出一些妥协：何时、何地以及如何表达欲望才合乎情理，何时又是不恰当的。所有社会都必须为此立法，以确保实现一定程度的公共秩序；我们未必就要像霍布斯所言那般竭尽全力去实现这个目标，但是我们也确实需要对其进行一定限制。

弗洛伊德的理论旨在帮助从业者治疗精神分裂症及普遍的反社会欲望等病症，而不是鼓励他们不加限制地表达这些欲望。事实上，他希望通过分析隐藏在潜意识驱动力中的行为动机来恢复个人秩序。德勒兹和瓜塔里认为，这种方法的背后隐藏着"正常"人格的概念与标准的社会行为所涵盖的范围——"理想人类（an ideal image of mankind）"。他们的观点完全正确。但是，并非人人都会相信，人们渴望实现的这种状态其实是不可取的，而且它也不具备浓重的意识形态的色彩。事实上，恢复个体的常态感这一概念是许多当代实用型疗法，如认知行为疗法（CBT）的基础。包括英国国家医疗服务体系在内的若干家公共卫生服务机构均采用了认知行为疗法。该疗法所关注的重点是可以对日常挫折的实用知识，而非受到弗洛伊德学派青睐的深度分析。它将自己描述为一种旨在帮助患者将突出问题分解成更小、更易解决的部分的"谈话疗法"。按照弗洛伊德的标准，认知行为疗法更像是一种权宜之计，但是它与之前的理论一样，都不太容易获得德勒兹和瓜塔里的认同。因为既然弗洛伊德学派与认知行为疗法所关注的都是如何将人类行为转化为可以根据公认的规则与社会习俗进行预测的行为模式，德勒兹与瓜塔里认为两者均在为可怕的"俄狄浦斯"效劳。

显然，欲望是弗洛伊德理论的核心，而且他确实也将其等同于个人生活中所"缺少"的某些目的——一个人希望拥有或控制他缺乏的东西[后弗洛伊德理论家，如颇具影响力的雅克·拉康（Jacques Lacan）在自己的研究中依然延续了这一思路]。尽管如同罗伯特·鲍柯克（Robert Bocock）所指出的那样，"包括精神分析学家和社会学家在内的社会科学家们，究竟是通过何种方式知晓人类愿望与欲望的具体内容的？这个谜团依然没有解开，"就更别提他们是如何了解个体对潜意识的刺激所作出的反应了。弗洛伊德认为，如果无法得到自己所缺乏的东西，人就会变得歇斯底里。他相信，女性尤其是如此（正如你所料，这一点尤其招致了几代女权主义理论家的不悦）。弗洛伊德以及与他一同开展早期研究的同事——约瑟夫·布鲁尔（Josef Breuer）假定："性欲既是心理创伤的来源，也是'防御（defence）机制'——即防止其进入意识——的动机，它似乎在歇斯底里的发病机制中扮演着至关重要的作用。"他往往将歇斯底里视为受到挫败的性欲的替代品，在性欲无法获得满足时所产生的某种绝望的反应。他们认为，由于"缺乏"这种满足感，"缺乏"欲望与满足之间适当的平衡，人们不仅会歇斯底里，而且会出现许多其他的所谓"异常"的心理状况。他们认为，女性，尤其是年轻女性，比男性更难以应付有关性感受的问题：

由于年轻的未婚女性所感受到的性兴奋混杂着焦虑以及对于即将发生且懵懵懂懂的未知事件的恐惧，这进一步强化了她们想要避开性事的这种趋势。然而，对于健康、正常的年轻男性而言，性事就是一种纯粹的攻击本能。

他们认为，对于女性群体而言，自我与观念之间存在更大的不相容性，因而她们的性情更有可能倾向于会导致歇斯底里的压制。

弗洛伊德认为，在欲望这个问题上，女性比男性更容易产生问题，因为她们的"缺乏感"更为敏锐。事实上，他甚至将女性的性欲称作是"黑暗大陆（dark continent）"。女性是否如同这个短语所暗示那般是一种脆弱的生物，抑或是她们天生神秘而不可知？自此之后，这个问题便成了女权主义者们争论不休的话题。而且它也有违人们心中刻板的性别观念：男性富于侵略性，而女性则具有被动性。尽管如此，女性主义的圈子中依然不乏弗洛伊德理论的支持者。例如，朱丽叶·米切尔（Juliet Mitchell）就提出，与其说弗洛伊德在维护父权社会，还不如说他在对其进行分析，这就意味着女权主义者仍然可以将他的理论运用到自己对于父权制度的研究之中。从这个角度来看，"缺失（manque）"主要是社会制约的产物，可以在一定程度被克服。因此，歇斯底里是对于根本没有必要发生的情况的回应，它并非是由生物因素所决定的。

缺失这个概念也在拉康的欲望理论中扮演着重要的角色。一位拉康评论家曾简洁地说道，在拉康眼中，缺失代表着"正在形成的空洞"。在拉康的构想中，"人的欲望就是大他者的欲望"而且这种欲望会不断遭遇缺失：

主体遇到大他者的缺失以及大他者通过其言语所做的自我暗示的缺失……主体透过无法起作用的东西，在缺乏大他者言语的情况下，捕捉到了大他者的欲望。

即便顾及拉康臭名昭著的浓缩型写作风格（一位译者曾略带悲哀地说过，拉康的文字"极其语焉不详、模棱两可"），可一旦涉及女性，这种缺乏的本质似乎就成了一个特别复杂的问题：

"女性"是一种符号，其关键属性就是它是唯一一个无法指明任何东西的符号。这仅仅是因为它在'女性并不完整'这一事实的基础之上，确立了女性的地位。这就意味着我们无法谈论女性。她只能遭到万物本质——同时也是言语本质——的排斥。

此后的论述甚至变得愈发冗长复杂（特此提醒那些想要鼓足勇气继续往下阅读的人），然而，确实存在一种十分明确的"正在形成的空洞"感，那是不可避免的实际存在；而且与弗洛伊德一样，拉康也认为，对女性而言，缺乏是一种特别复杂的情况。

撇开性别问题不谈，贪欲似乎正是借助了"正在形成的空洞"来影响那些最受其蛊惑的人，作为他们个性中所缺失的部分，不断骚扰他们，要求得到解决，然而这种愿望也许永远也无法完全得到满足。无论他们成功积累了多少东西，这种缺失感永远也不会消失。正如拉康所说的那样，欲望是"由远超需要的要求所唤起的东西，而这种需要本身就表达在了要求之中。主体一定被剥夺了更多的欲望，甚至达到了表达在要求之中的需要获得了满足这样的程度。"既然欲望是人类性格中一个极为关键的部分（在拉康看来，正是这个部分将我们转变为成熟的主体），那么人的一生将不断体验这种被剥夺的感觉，这就为贪欲逐渐显露继而诱惑我们创造了合适的条件。"远超需要的要求（The demand that goes beyond need）"是对欲望所进行精炼的概括。

第三章
贪婪与经济学：
自由与管控的双重博弈

亚当·斯密于18世纪所开创的现代经济学理论本身并不会纵容贪欲，然而，它却能在暗中鼓励贪欲的蔓延。自由市场是围绕着具有创业精神的自我这一概念以及由此产生的企业结构建立起来的。这种企业结构鼓励人们为获取利润并将其最大化展开相互竞争。因此，即便没有明显地表现出来，竞争的表象之下也隐藏着些许贪欲（就股市操盘手而言，这种欲望未必会隐藏得很深），而现代文化则极力宣扬强烈的自我意识，从而强化了这种追求贪欲的冲动，这便是由麦克弗森所提出并且强力运转的"占有性个人主义"。

自由经济 vs 政府管控
——谁才是社会经济的理想状态？

自由放任经济学认为，如果不引入任何外部机构——例如政府，从这个角度来说，政府是一种极不受欢迎的存在——来限制系统的运作，那么它就能找到自身的平衡点。亚当·斯密通常被视作是自由放任经济学发展过程中的关键人物，尽管他的现代追随者们往往避而不谈的一个事实就是，斯密主要关注的是道德问题，而他本人也宣扬了社会责任的必要性。这种责任不同于此后人们修改、应用他所提出的经济理论的方式。如果市场演变为一个可以为所欲为的场所，那么人人都会为自己逐利，谁也不会顾及后果——那就与斯密的设想截然相反。

自由放任经济学的主要批评者是哲学家卡尔·马克思。该学科对19世纪社会产生的影响令他感到震惊：它在各阶层间制造了明显的不公，而作为补偿的社会责任却少得可怜。绝大多数工人阶级的生活条件相当糟糕，拥挤的城市中心疾病肆虐，20世纪前，工人们劳作的工厂几乎没有任何环境规划或是健康与安全的监管措施。马克思是否会因为自己的理论得到了修改与应用的方式而开心依然有待商榷，但是他对自由放任体系的反对却深深地植根在了共产主义的理论之中。至少，共产主义憎恨市场体系，并且拒绝将其视作一种经济运行方式。

这大致就是这场始于维多利亚时代的辩论为何能够延伸到今日的原因。红方是卡尔·马克思以及共产主义和社会主义的追随者；蓝方则是亚当·斯密以及新自由主义出现之前他的门徒。新自由主义是我们这个时代应用最为广泛的经济理论（亚当·斯密研究所这类机构对其进行了充足的辩护，该研究院是为了宣传自由市场的事业而建立的智囊团）。迥然不同的自我概念再次出现，我们需要认真考虑两者各自的优缺点。一个极端是自我在集体中的升华；另一个极端则是利己主义猖獗，而集体只能尽其所能自生自灭。1991年苏联解体后，利己主义很可能在现今占据了统治地位，但是这场辩论本身还远未结束。目前，利己主义主要在公共领域的紧缩经济学中集中出现，其霸权也在21世纪受到了日益严苛的审查。

亚当·斯密在《国富论》（1776）中提出的目标是解决他认为在当时阻碍了经济发展的障碍，例如，当时在英国人的生活中普遍存在的专卖制度（事实上，专卖制度存在于整个西欧社会，甚至连他们忙着在全球各地建立的殖民地也不例外）。执政当局正式批准由某些公司垄断特定商品或服务的供应，从而阻碍了相关产品的自由贸易竞争。在斯密这样的思想家看来，这会使英国的经济生活变得懒散、低效并且毫无创新性："垄断……是良好管理的大敌，除非是自由、普遍的竞争，迫使每个人出于自我保护而采取对策，否则不可能普遍确立良好的管理。"如果供应被垄断，就不存在改善服务或商品质量的动力，公众只能无可奈何地接受垄断者提供的所有东西：

个人或贸易公司被授予的垄断权与贸易或制造业中的秘密有同样的效应。垄断者永远不充分满足有效需求，以高于自然价格出售商品，并使生产这些商品所使用的劳动的工资和资本的利润稍微超过其自然价格。垄断的价格是在所有情况下可以得到的最高价格。

亚当·斯密认为，激烈的竞争是打破这个循环的唯一途径，而服务于公众利益的最好方式就是允许个人无阻碍地遵循自己的利己主义。总体上来说，这种行动通过市场代理为整个社会的利益服务，个体生产者"所追求的仅仅是他自己的利益。像在许多其他场合一样，他之所以会这样做，只不过是被一只看不见的手引导着，去促进一个并非出自他本心的目的。"因此，此类情况下的利己主义可以被定义为"有益的贪欲（good greed）"。不仅有益于参与购买或出售这些商品的个人，而且有利于所有人——市场越健康,平均生活水平就有可能越高。斯密的论著对现代生活中的个人主义做出了明确的解释:相信一种信念,即如果个人的主动性得到释放并获得机会将自己的想法付诸实践,那么对于所有人而言,一切都会变得更好——效率和创新必将随之而来。自由民主制坚定地致力于实现这个信念。

斯密更为狂热的追随者们将"看不见的手"解释为不应限制市场的运作。他们的看法是即便市场中明显存在贪欲,它最终也仍将有利于整个社会。从这个角度来看,就不应该对市场交易进行抑制。这种观点近年来颇受新自由主义经济理论家的青睐,因为这种做法会将"看不见的手"推离正轨。我们必须让市场自己去寻找平衡点,哪怕在这个过程中偶尔会出现一些振荡。我们应该相信,市场有能力对任何可能出现的危机做出反应,而且我们也应该始终认为,这些危机本质上都是暂时的,市场终将成功。我们只需耐心等待,让"看不见的手"去发挥作用,它就一定会用自己的各种手段来解决问题。

新自由主义亦是如此看待经济的,然而我们都知道,贪欲有可能会失控,以至于可能需要很长时间才能建立起平衡。近代经济史中充满着萧条、衰退与市场"泡沫",也许需要数年的时间经济才能复苏,这会给世界上的大部分人口带来相当大的困难。就像20世纪30年代的"大萧条"那样,只有在接受了美国和欧洲政府大量、持续的援助之后经济才得以恢复。贪欲是这种现象背后的推动力,如果有足够多的参与者做出有可能会导致市场崩溃的决策,那么社会良知就会遭到抑制。除了积极的影响外,"看不见的手"同样也能产生消极的影响。新自由主义理论家往往会仅将此类事件视作是一种失常,是少数行为异常的个人的手笔,而且他们坚称从根本上来说,这个体系本身十分健全。然而,贪欲永远也不会消失,它总会设法让自己反复出现,扰乱系统的协调性。不幸的是,这种行为异常的人似乎并在少数,他们随时准备找机会以牺牲同辈人为代价大赚一笔,丝毫不会顾及自己借以实现这一目的手段是否合法。著名经济学家约瑟夫·斯蒂格利茨(Joseph E. Stiglitz)也指出,"即便斯密提出的'看不见的手'这一理论与先进的工业化国家有关,发展中国家也不具备它所提出的要求。"他们缺乏市场正常运转所需的机构基础设施。这种情况下,贪欲便有了更大的操作空间,而它绝对不会放过这个机会。

尽管自斯密的时代以来,市场体系开始日益以竞争为导向,但值得注意的是,市场仍然可以轻易地走向垄断。斯蒂格利茨认为,这揭示了自由放任理论中一个重要的根本性缺陷:"如果竞争天生就是完美的,那就完全不需要反垄断机构。"大型跨国公司倾向于兼并较小的竞争对手,最终主宰其所在的领域。一旦这样做了,他们就有能力控制供应商,而这可能会导致小公司倒闭。这与斯密的自由放任经济学的设想背道而驰,因为它破坏了斯密所倡导的"自由、普遍的竞争"。这种现象在现代,尤其是全球化的影响下十分普遍。全球化对于大型组织极为有利,因为他们拥有高度发达的基础设施与相当雄厚的财政实力。19世纪末也曾出现过类似的趋势,尤其是在美国,最终政府不得不出手干预并通过了旨在遏制垄断企业权力的《反托拉斯法》。然而在自由市场体系下,这种现象会反复出现,尽管它表面承诺说要遵守竞争道德。因为如果能够成功消灭竞争,你自己的利润就将开始飙升。在如今的跨国公司身上,这些问题甚至更为严重。他们将公司设立在主要经营国以外的避税港,以此减少自己可能受到的政府干预。

然而，斯密的理论还存在另一面，那就是识别所谓的"坏的贪欲（bad greed）"。斯密是一位道德哲学教授，他鼎力支持人类会对自己的同伴怀有怜悯之心，认为"无论多么自私，在他的天性中显然都会残留一些原则使他去关心别人的福祉，并且认为自己有必要帮助别人获得幸福。"证券交易员需要留心观察，因为他觉得自己有必要这样做。《道德情操论》（The Theory of Moral Sentiments）的编者写道，斯密的道德信仰是"斯多葛派与基督教美德的结合"，他强调的是人与人之间的联系而非自我独立性。由于贪欲会将利己主义置于一切其他考虑因素之上，留下它们独自承受由此带来的后果，因此它不是一种具有怜悯之心的特质；这几乎就是自私的定义。斯密的伦理学则建立在一个完全不同的原则之上，我们从下述的观点中便可窥见一斑："为他人担忧，而不要为自己……限制我们的自私、展示我们慈善的情感，这些组成了人性自然的完美。"借用"看不见的手"为自己辩护，可被视作是在逃避放任利己主义后会出现的负面结果。自我中心与同情心似乎互相排斥。另一方面，对斯密来说："我们不应当用一种将自己置身于自私激情中的角度来看待自己，而应该从旁观者的角度对自己进行评判。"然而，多数新自由主义者似乎都在逃避这一点，他们太容易把自私激情放在人类行为的中心了，就好像他们知道应该如何解决所有的社会问题一般。

与斯密相比，在社会应该是什么样子的这个问题上，新自由主义为我们提供了一个非常狭隘的概念，而且它对于经济理论的解释非常具有选择性。即便在《国富论》中，斯密也认可了理应得到国家补贴的各种"非生产性（unproductive）"职业。除了君主与武装力量之外，还包括"牧师、律师、医生、作家、球员、小丑、音乐家、歌剧演唱家、歌剧舞蹈家等。"

人们认为他们的劳动不具备生产力,因为他们的劳动没有"生产出任何可以在日后进行售卖或是换取等量的劳动",因为"他们的产品在生产的瞬间就会消亡"。我们只能揣测究竟有多少这样的"非生产性劳动者"。但是斯密似乎确实在自由市场中移除了法律、医疗和文化活动,因为它们对整个社会不具有实际价值。另一方面,新自由主义则反对这种政策,他们坚持认为非生产性劳动,除了运转武装部队与实现政府的基本职能之外,应该受到市场的严苛考验。要求国家承担这样的社会责任带有一些社会主义的味道。奥巴马医改正是因为这样的观点才遭遇了反对,而英国国家医疗服务体系(NHS)在走向服务私有化的道路上正面临着日益增多的压力。

卡尔·马克思把贪欲视作是资本主义绝对不可或缺的一部分。从《共产党宣言》(1848年)到《资本论》(1867年),他试图告诉我们如何为了公共利益消除这种特质。共产主义是能够实现这一目标的社会经济体系,生产资料的社会公有制可以使每个人——而不是只有生产资料的所有者与股东这类精英阶层——都能从产出中获益。所有者与股东拿走了马克思认为本应属于无产阶级的利润,因为这些收入是由工人的劳动产生的。就马克思而言,并不存在所谓的"好的贪欲"。贪欲纯粹是为了自己的利益而剥削弱势群体,它是一种盗窃的形式,而自由放任资本主义本就旨在最大限度地利用弱势群体。马克思在这个问题上采取了最强有力的道德底线,他不相信贪欲能以某种方式为公共利益服务。相反,他设想中的社会制度已经剥夺了贪婪表达自我的机会;集体意志将战胜个人意志。然而,在斯密看来,如果中央权力机构以这种方式对经济进行全面控制,实际上就相当于垄断。

马克思坚信,无产阶级将联合起来,为创建可以将财富用于公共利益的制度而努力。而一旦资本主义的内部矛盾日渐明显,它最终就会崩溃,这是一种天生不公正的制度,它对人类的利益有害。另一方面,共产主义的基础是合作,而不是成为资本主义市场规范的无情竞争。这种竞争导致了马克思在维多利亚时期的社会中随处可见严重的不平等。马克思坚信,经济竞争最终可能会从人类社会中消失。他将贪欲视作是只为少数人的目的服务的恶劣的人类特征,在他看来,这就意味着,工人阶级的强大力量可以克服贪欲,只要我们能够说服他们用心去做这件事。无政府主义思想家皮埃尔-约瑟夫·蒲鲁东(Pierre-Joseph Proudhon)认为"财产就是盗窃(property was robbery)"。尽管马克思很不赞同蒲鲁东的观点(他认为无政府主义是对政治的一无所知),但是两人对人类劳动成果的看法却极其相似。马克思认为,最好的一个例子就是,实业家实际上是在偷窃工厂劳动力所积累的利润,这些劳动力属于"剩余劳动力(surplus labour)"。如果能够将这些企业收归公有,那就可以抑制贪欲,剩余劳动力的成果也将得到普遍使用。正如《共产党宣言》所指出的:"代替那存在着阶级和阶级对立的资产阶级旧社会的,将是这样一个联合体,在那里,每个人的自由发展是所有人自由发展的条件。"

马克思认为,如果生产资料可以使所有人享受同等程度的益处,那么我们就将步入乌托邦式的国家,每个人都可以自由地参加一系列他感兴趣的活动,而不仅仅是机器和不公平的社会经济体系的仆人:

分工一出现,任何人都有自己特殊的专属活动范围,这个范围是强加于他的,他不能超出这个范围:他是一个猎人、渔夫或牧人,或者是一个批判的批判者,如果他不想失去生活资料,他就始终应该是这样的人。在共产主义社会里,任何人都没有特殊的活动范围,而是都可以在任何部门内发展,因而使我有可能随自己的兴趣今天干这事,明天干那事;上午打猎、下午捕鱼、傍晚从事畜牧、晚饭后从事批判。

对马克思来说,贪欲无疑是一个道德问题。少数人的贪欲导致了大部分人的痛苦——无产阶级被无情的资产阶级残酷地剥削,资本家仅仅将他们当成是一种劳力。对马克思来说,最令人悲哀的一点就是,资本主义会阻止人们充分发挥个人潜力;他们就像是被资本主义制度感染了一样,发展到一定程度之后就将停滞不前。

在实践中,共产主义远远没有实现马克思的理想,它未能终结国际资本主义,而只能通过极权主义的手段来压制贪欲。很有必要仔细想想共产主义在俄罗斯所造成的直接后果:一小撮人往往通过十分可疑的手段,设计控制着原先国有的丰富的自然资源(不可否认的是,之前这些资源并未得到有效的利用)。自20世纪80年代以来,苏联解体后涌现的寡头们对于自己迅速积累的财富表现出了巨大的贪欲,从而使俄罗斯成了全球财富分配两极分化最严重的国家之一。这些人不会将自己的大部分财富投回本国的经济之中,而是更愿意把财富投资到欧洲的其他地方,而且他们经常在国外生活(伦敦已经成为深受俄罗斯亿万富翁欢迎的目的地)。俄罗斯目前盛行的情况是对马克思心目中共产主义的拙劣模仿。对金钱、财产与所有权的贪欲早已深深地刻在了我们的性格之中,其程度远超马克思所想。不论之前曾受过何种压抑,只要一有机会,贪欲就有能力重新浮出水面。就俄罗斯而言,历时70年的共产主义也未能消除人类灵魂中的贪欲。苏联时期随处可见的黑市表明,不论国家进行了怎样的宣传,贪欲从未真正消失。

我们依旧应该赞扬马克思，他正确指出了资本主义的弱点与矛盾，这无疑在对资本主义进行分析的过程中显露出了他的天赋。今天，我们仍然生活在这些弱点之中，新自由主义经济与全球化只不过是让这些问题变得日益明显而已。世界主要经济体之间及其与发展中国家之间的财富差距正在扩大，而且这个体系显然迫切需要改革。马克思的研究表明，资本主义本质上是一个以贪欲为基础的体系：精英的贪欲可以操纵国家经济生活以满足自己的目的。然而，他没有预见到的是，在精英阶层之外，会有多少人支持这种体制。资本主义对利己主义的吸引力极其巨大，以至于那些已经认识到它的矛盾的人也会遵从它的指引，看看它究竟会将个人引向何方。资本主义的吸引力就在于，如果一切顺利，人们可以获得提供改善自身经济条件的机会。相信这能够实现，而且我们可以设法利用这种体系，在多数人失败之处获得成功的想法其实是不理性的，但是在日常生活中，人类可能远不如马克思这类哲学家愿意相信的那样理性（否则就不会有人会购买彩票）。哲学家们经常犯这样的错误，不过应该指出的是，那些认为投资者会在理性的前提下采取行动，并且能够在进行任何投资之前仔细地计算市场状况的新自由主义者等市场狂热者同样难辞其咎。创造了繁荣与萧条的兽群似的行为无疑会对这一概念产生严重质疑。这些似乎会更多地表现为歇斯底里，而非冷静、理性的决策。市场均衡可能是一个空想。

斯密确实留意到了利己主义在人类事务中的重要作用，因此他支持一个处处都能积极促进利己主义发展的体制，当今世界的主要经济体采纳的就是他的愿景。在新兴经济秩序的默许之下，富裕的制造商与贸易商阶层不断壮大。斯密之所以会遭到质疑，新自由主义之所以会在完全相反的证据面前显得自我矛盾，是因为斯密相信"看不见的手"总会对公众有利。

如果真是这样,经济就不可能在过去的几十年中,不断经历现在已日趋常态化的大起大落了。此时,贪欲成了一种会严重破坏系统失衡的流氓元素。正如斯蒂格利茨所坚称的那样,竞争绝不会"生而完美(automatically perfect)"。斯密认为,利己主义不赞成以超出他预期的消极方式来解释大局(甚至根本不屑一顾)。只要能够彰显自身,利己主义也许根本不在意系统究竟会发生什么问题。事实上,即便它完全意识到自己的行为显然不符合社会的最佳利益,也依然会我行我素。"看不见的手"能够很容易地为公众利益服务,当然也能与公众作对。将它视作一股积极力量的斯密也许有些过于理想化。拒绝接受马克思的观点并不意味着斯密就能解决所有与经济运行相关的问题,或者说他对于经济运转方式的看法不存在任何缺陷;利己主义并不是他所设想的灵丹妙药。竞争也未必就是一个绝对的好东西,尤其当它有能力引发像最近这样的社会分裂的时候。因此,红方与蓝方都犯了理想主义的错误,也都存在一大堆痴心妄想,而经济依然是一个存在大量争议的领域。

避税盛行的年代
——自由放任似乎更胜一筹

企业十分擅长在工作实践中表现出利己主义,餐饮行业的一些乱象就已经在这些年里暴露了出来。用餐结束之后向服务员支付小费的习俗由来已久,几乎已经成为用餐者下意识的反应。但是,某些企业,尤其是那些账单中默认包含了服务费的餐饮企业处理小费的方式却令英国公众有些震惊。餐厅经理往往会从小费或服务费中抽取一定比例（有时相当可观）作为处理小费的酬劳，然后再将剩余部分返还给员工，但顾客却被蒙在鼓里。人们已经掀起一场反对这种做法的运动，其影响波及了一批备受关注的企业，如大型连锁餐厅。为了弱化负面宣传所带来的影响，其中的一些餐厅现在已经摒弃了这种做法。由于服务生的工资收入通常很低，因此，克扣公众支付给服务生以增加其收入的行为十分卑鄙——这是一种以牺牲员工为代价来增加公司利润的卑劣方法。某些企业支付给员工的工资甚至低于最低工资标准，因为他们十分清楚，不论最终数额有多少，小费都能够弥补两者之间的差额。收入最高的人群从收入最低的人群那里抢夺钱财的这种情况清楚地反映出了贪婪的特征。

西方社会的高收入者往往都是自由市场体系的坚定拥护者，避税行为在他们中间非常普遍，在这种现象背后作祟的依然是贪欲。在此例中，自由市场被解释成了人们有权货比三家，以便找到能够最大程度减轻个人纳税义务的体制。如果这种做法出现在社会经济地位较低的人群之中，我们尚可理解，因为这些人只能依靠微薄的收入勉强维持生计。但是如果选择采取避税行为的是社会经济地位与收入都极高的人，就不免令人匪夷所思了。法律的漏洞使这种行为得以存在，也令精明的会计师——经济地位较低的人负担不起他们的服务，而他们也不屑于接受这样的顾客——利用这些漏洞为自己的富裕客户谋取利益。利用这种体系的人根本不缺钱，他们只是想比现在更加富有，因此把税收当成了个人负担，而不是社会责任。在他们看来，政府拿走了本应属于他们的钱，他们只会大声抱怨自己需要缴纳的税金，却对纳税之后的收入只字不提。在工薪阶层看来，那仍然是一大笔钱。新自由主义使人们滋生出一个念头，认为任何形式的税收都是邪恶的，并且拒绝承认税收是文明社会的基础。理查德·墨菲（Richard Murphy）就在《税收的趣味》（*The Joy of Tax*，2015）中有力地阐述了这种观点。尽管在如何改革税收制度以确保政府收入、实现更大公平的问题上，他的观点具有争议（当然仅限于高收入者之间），税收具有社会价值这个基本概念还是合理的。正如墨菲所指出的那样，尽管税收会招致被征税者的"怨恨"，我们依然需要不断提醒自己，如果没有这些税收，政府就根本无法运转。

在过去的二三十年间，英国大幅削减了税收，而现在所有国家的所得税税阶都已大大低于战后福利体系急剧扩大时的水平。事实上，近年来，所有西方国家都存在降低所得税并在未来推行类似削减的普遍趋势。多数主流政党都认为，提高税收的主张无异于一剂竞选毒药。尽管如此，新自由主义者仍然抱怨税收过高并试图通过选举进一步降低税收。这种态度营造出了一种文化，让人们认为避税似乎是一项非常合理的措施，而那些有此类需求的人就会求助于会计师，任凭他们做出各种安排。所得税的税率越低，公共部门的削减就会越多，但是这些能对高收入者产生的影响却微乎其微——尤其是那些拥有足够财富、能够使避税看起来似乎是一件可行之事的人。托马斯·皮克蒂（Thomas Piketty）就曾警告说，如果这种情况无法得到制止，"就有可能出现财政彻底崩溃的严重风险"。

显然，贪欲可以解释避税的动机——纯粹为了获得更多的财富而去攫取更多的财富。值得注意的是，社会良知及其理应在所有理性个体中诱发的对于纳税责任的承诺再度缺失。如果你的收入几倍（有时甚至几百倍）于平均工资，那么，你为什么不能像普通个人那样——你的收入相当于他们工资的总和——缴纳所得税呢？社会公正规定你应该这样做，这是底线。皮克蒂等经济学家认为，高收入者应该在缩小贫富差距、促进平均主义的过程中，缴纳更多的税金。然而，获得更多金钱的诱惑似乎极为频繁地侵蚀着个人的社会责任感。

正在发生的一切存在着严重的道德问题。一些公众人物显然获得了只有有钱人才能享受的优厚待遇。利己主义猖獗，而这显然已经获得了政府的批准。一旦某些人明目张胆的行为引发了公众抗议，西方政府就会定期做出一些约束避税体制的承诺，但是与此同时，他们也会提出一些观点，为在税收体制内保持一定程度的灵活度辩护。政府警告我们，如果富人们失去了利用这些避税计划的机会，他们就有可能移民。几乎所有暗示政府正在考虑提高税收的消息都会立即成为右翼媒体的头条新闻。政府还提醒我们，全球各处都有十分乐意接纳出国避税者的避税港，每隔一段时间就会有一批这样的人涌向那里，而跨国公司则走在这场出逃热潮的前列。多数人认为，这是我们应该严厉打击避税港（也许"逃税区"这个名字才更为恰当）的原因。然而，各国政府这些周期性的承诺通常都是雷声大雨点小。新自由主义经济与全球化伦理致力于资本在全球范围内的自由流动，这恰恰与针对低税收管理设置的限制背道而驰。在低税收体制下，资本可以带来更多收益——这正是资本主义一直想要实现的目标。因此，恰当的国际金融体系正在有效地促进避税文化，也就是说，鼓励贪欲文化。

如前所述，跨国公司充分利用了这一体系来避免在其设有经营场所的国家纳税，他们往往在那里获利颇丰。其中的一处避税港，百慕大群岛所征收的公司税税率为0。而其他避税港（如英属维尔京群岛）则允许公司在缴纳极少的税金之后将总部注册在那里。因此，这些地方变得炙手可热，许多跨国公司都将总部设在了那里。最近在英国曝光的几件事情引起了公众的关注。许多业务遍及全英各地的大公司只需缴纳数目极少的税款，有些甚至根本无须纳税（在这一点上，英国并不是一个特例，这是一个全球性问题）。例如，最近有一份报告指出，脸书在英国所缴纳的税金甚至不及英国的个体纳税人——它只缴纳了几千英镑的税款，实在可耻。也许这些公司将经营场所设在了这里，但是他们的总部却落在了别处，因此他们选择将利润转回位于交通方便、税率较低处的总部，这种做法叫作"利润转移（profit shifting）"。更为可悲的是，事实上，这些资产数十亿美元的公司完全符合英国等国的征税要求，而且可以接受较低的投资回报。有时，人们会觉得，真正实实在在纳税的人是只有那些落在标准税级内的人，公司找到规避纳税责任的办法的能力似乎正在日渐增强。斯密所提倡的"普遍的竞争"似乎并没有产生一种"普遍的社会责任感（universal sense of social responsibility）"。所有者与股东们享受了至少从道德上来说应该上缴国库并用以维护公司正常运转所需的基础设施的利润。在这样的时代，政府似乎确实对富人与穷人分别实施了两套不同的法律。

这种体系引起了一群经济学家的关注，他们对于它将带给公共财政的影响表示了忧虑——在紧缩时代，这是一个重要问题。布里埃尔·祖克曼（Gabriel Zucman）就是其中之一。他在著作《列国的隐藏财富：避税港的祸患》（*The Hidden Wealth of Nations：The Scourge of Tax Havens*，2015）中对跨国公司在近段时间滥用该体系的做法表示了反对。他提出了一些非常实用的解决方案来改革这一体系，使其能够收回这部分日益增多的"隐性财富"，以便将其投入更为广泛应用，并且始终坚称避税港"窃取了外国的财政收入"。不幸的是，祖克曼提出的旨在收回这部分财政收入的"行动计划"需要大规模的国际合作，而这在目前看来是不可能实现的。这其中牵涉了太多的既得利益，所有人都深谙防御之道。要想克服这股阻力，仅仅依靠极为明智的建议——如建立"全球金融注册体系（global financial register）"，负责"记录拥有所有流通中的金融证券、股票、债券以及全球共同基金股份的个人财物状况"，因为这样就能形成"财物透明度的具体体现。"但这远远不够。然而，只要像祖克曼这样的经济学家始终关注这个问题，政府就很难像以前那样，继续睁一只眼闭一只眼。祖克曼说的没错，在某些时候，我们必须直面这个问题，尽管它无疑会造成政治混乱与尴尬。

避税与自由市场经济之间也许并不存在必然的联系（一些富人确实恪守着居住国的法规，尽职尽责地缴纳税款），但是这种自由放任的精神也的确为发展到病态的自私自利奠定了基调。我怀疑这绝不会是亚当·斯密想要看到的一幕，他更有可能指出在这种情况下发生的道德违约。然而，一旦任凭利己主义随心所欲地发展，就很难再防止它走向我们正在经历的极端——避税只是将会随之而来的几种反社会后果之一。祖克曼坚定地说道："重要的是要清楚，我们并不是在谈论税收，而是在谈论不折不扣的盗窃：瑞士、卢森堡或是开曼群岛为那些生出这种念头的纳税人提供了偷窃政府钱财的可能性。"如果最终需要处理的是偷窃问题——与这种不正当行为有关的每一个人的心中都存在过度膨胀的贪欲，偷窃便由此而生——那么政府就有责任代表公众采取预防性的行动。然而，在新自由主义者看来，之所以会造成偷窃，完全另有起因。这就意味着在这个问题上存在着迥然不同的见解。

尽管从技术上来说，慈善事业并不属于避税行为，但是它也能减少企业所需缴纳的税款，因为在一般情况下，企业可以因为参与了慈善活动而享受税款减免。社会学家林赛·麦戈伊（Linsey McGoey）在著作《没有免费的礼物》(*No Such Thing as a Free Gift*, 2015) 中指出，新一波的所谓的"慈善资本家（philanthrocapitalists）"正在将它作为一种避税方式。如同书名所暗示的那样，麦戈伊对于隐藏在慈善资本主义背后的动机深表怀疑，并且质疑它是否仅仅只是扩大贪婪经济学运作范围的借口。从这个角度来看，慈善捐赠只不过是另一桩生意，它早已为公司的收购做好了准备。参与其中的人根本无法想象，究竟还有哪个人类奋斗的领域是新自由主义原则不适用或是无法通过采用市场法加以改进的。因此，他们在处理慈善事业时往往表现得相当冷酷无情，一旦认定它无法成功实现自己所设定的目标，就会从基金会发起的计划中抽身。然而，贪婪的另一种形式——对名声的贪欲——在这里就显得极其明显。慈善事业通常能够吸引公众的注意，也会带来更为良好的声誉。因此，它不仅可以节省税款，而且也有助于改善公众形象。对于一个极其成功的企业家来说，这笔交易似乎比看见金钱流入国库更为划算，是一种值得一试的妥协。实际上，他们为自己买到了更好的形象；这只不过是另一种形式的交易罢了。然而，将慈善事业转变为一种纯粹产品的行为似乎正在将我们的道德推向一个新的低点。

宗教组织中也能找到贪婪经济学的身影。美国的各电视福音团体为争夺收视率以及为赢得随之而来的捐款，他们之间也存在着相互竞争。高收视率也许会带来极高的回报，这也就解释了为何神职人员之间会产生激烈竞争的原因。多数宗教都将自己可能获得的收入用在各种善举之上，但电视福音却是一项成熟的业务，可以为从业者提供富有吸引力的生活方式——这也是人们期望能够从中获得的东西。电视福音布道者恬不知耻地运用市场原则来销售各色商品，为教堂以及为隐藏在企业背后的避税者们积累大量好处。捐款是一笔相当可观的收入，电视这种形式提供了足够空间来吸引观众掏钱，并且经常使用典型的美国式硬卖策略来传达这种讯息。

我们可能会认为，炫耀自己的财富与宗教信仰相悖。从表面上看起来，宗教之中几乎没有骄傲与贪婪这两项"死罪"的立足之地。然而，炫耀性消费却几乎成了电视布道家的一种象征。这种做法有可能导致观众生出贪欲，并且违反了十诫，这进一步扭曲了宗教教义。相反，对于电视布道者及其大部分观众而言，经济上的成功被解读为获得上帝认可的标志（诚然，新教在建立这种联系的方面，拥有悠久而且并不是特别自豪的历史）。在这种情况下，展现出有钱人的形象就能传递正确的信息，表明上帝站在你这边。上帝只不过是自由市场上售卖的又一件商品，在一个像美国这样致力于商业发展的国家里，这看起来十分自然。宗教与其他任何东西一样，也落在了自由放任资本主义的适用范围之内，而且有相当一部分美国公众对这两种信仰深信不疑，认为它们之间不存在冲突。

自由放任经济学也被越来越多地应用到了教育领域。私营部门对高等教育产生了相当浓厚的兴趣。在西欧，现代高等教育通常都由政府进行资助，由国家承担起维持大学制度的责任，因为教育是一项公益事业。然而，近年来，包括英国在内的许多政府一直在鼓励建立私立大学，而这些秉承"盈利"原则建立起来的大学如雨后春笋般地冒了出来。可以预见的是，这种机构往往会跟着钱走，将注意力集中在已被证实拥有巨大市场的学科上。商科尤其受人欢迎，因为它显然以职业为导向（工商管理硕士是目前世界上最受追捧的学位之一），而且它的运营成本也相当得低。基本上，较之接受政府拨款的公立学校，私立高等教育机构显然实力较弱。但是对于新自由主义政府来说，它代表着一种节省公共资金的方式。只要这种体制能够获得足够的发展，就能保证在未来缴纳更少的税金，并且像现在这样从公共部门手中抢到市场。私营部门在扩大选择范围以及增加教育经费来源等方面做出了表率，但是他们真正的兴趣却在于利用另一个潜在的利润来源。提供公共服务并不是他们被教育事业吸引的原因：这只不过是另一个商业机会，他们将首先着眼于利润。

与此同时，同样的一幕也在公立高校中上演，教师的工资收入差距越来越大。近年来，英国大学校长的薪酬大幅飙升，而级别较低的讲师的薪酬水平充其量也只能算是停滞不前，因此从实际上来说反而是下降了。同时，由于政府对大学的资助明显减少，学校开始转而聘请那些领取时薪的兼职教师。这项政策与新自由主义所提出的政府与公共资金应尽可能远离就业市场的原则相符，而且能够带来更大的"灵活性"——灵活这个概念只适用于管理层，而绝非其他劳动力。年轻的学者们曾经可以在高校中寻到一份全职工作（就像我在职业生涯早期所做的那样），但是现在很多人发现，自己被无限期地困在了短期的兼职合同中，始终无法得到续订合同的保证。如今，雇用临时工制成为了高等教育的惯例，在出现转机之前，这种情况可能会变得更糟。美国学术界的情况更加令人绝望。据报道，高达76%的学术研究人员所签订的都是临时劳动合同，从而有效地断绝了他们获得永久教职与经济保障的机会。曾经的少数派现在成了主流——这支队伍仍在不断壮大。这种趋势在全球就业市场上极其明显，而那些位于金字塔顶端的人则在厚颜无耻地借机挣钱。当员工的工资遭到大幅削减时，"自私的激情（Selfish passions）"便会清晰地展现出来。对一些人来说，灵活性有利可图。财富的流动显然是单向的。只要每阶段的需求依旧大于需要，就会助长越来越多的贪欲。

　　蓝方似乎已经彻底击败了红方。不论位于政治光谱的何处，我们都必须使自己适应这一点，尽管这并不意味着我们必须臣服在它脚下，认为它的放任无度就是世界运转的方式。问题是能否从内部对其进行牵制。斯蒂格利茨、皮克蒂及祖克曼等人的批评表明，现在，体制改革已明确提上了议事日程，尽管要说服政治阶级面对新自由主义金融帝国贪得无厌的贪欲，似乎还有一段路要走。但是至少，我们向着正确的方向迈出了一步。

第四章

贪婪与金融行业：
一切为了股东的利益

也许金融业中确实满是哥顿·盖柯这类具有掠夺性的人物，但是他们很少会用这种方式来表达自己。因为他们十分清楚，如果他们像谢尔曼·麦考伊那样，认为自己理应获得"宇宙的主宰"的称号，就无疑会遭到公众的公开指责。这种"自私的激情"往往不会言明——倡导者除外——并且远离公众的视线。相反，股东已经日益成为这种制度形成的原因。他们早已习惯替公司为提高利润所做的一切行为进行辩护，包括利用避税港、制定临时工合同①以及在必要时通过中介临时雇佣劳动力，从而避免承担缴纳养老金以及提供带薪休假等附加福利的责任。虽然确实有人想要寻找临时工作或是倾向于选择灵活的工作时间，但是越来越多的人被迫采取了这种工作方式。因为不论是公共部门还是私营部门，都将其作为了一种可以削减工资支出的政策。所谓的"股东防御（shareholder defence）"现在成了新自由主义理论家的标准策略。他们用"股东防御"

---

① 指雇主雇佣员工却不保证为其安排工作的合同。签订这种合同就意味着，员工只在有工作要求时干活，需随叫随到，做多少工作拿多少报酬。大部分"临时工合同"都不包括带薪病假或休假，也没有裁员津贴或养老金。

来替无情地推动股市的贪婪经济学辩护，全然不顾由此带来的社会影响。似乎应该不惜一切代价来保护股东的权利，而这个制度动用了其所有的政治敏感度来保证自己尽可能地免受任何外界干扰。

股东至上？
——凭什么股东拥有这样的权力

什么权利可以制裁贪婪阶级的持续崛起？货币主义（引发了新自由主义经济学）的元老米尔顿·弗里德曼（Milton Friedman）极力主张，公司的主要责任是对股东负责。而且应将它作为一个原则问题，把股东的权利置于公众之上。他甚至声称，不这样做的公司是不道德的。一切以任何方式减少股东投资回报的行为都属于公司的严重失职。这是与马克思的道德观念相距最远的论点。股东想要得到的东西，就应该得到；而股东想要的显然是更高的股息，那是他们的天性。至少，那是弗里德曼之流的理论家所做的假设。无论公司销售什么，即便是医保或是教育，该原则全都适用。无论他们采取何种形式，产品的存在都是为了替销售他们的人创造利润，而且这一原则不会遭到破坏。不论产品是否有用，只要有人购买，生产者就不需要真正关心他们的用途。企业不是为了公众的利益才加入这一行业的。如果碰巧对公众利益做出了贡献，那只是追求利润所带来的副作用。最近，英国的公司在一些商业活动领域出现了一些问题，他们削减了在健康与安全要求上的支出——一个由利润原则引发的后果的例子。毕竟，健康与安全确实需要一定的花费，否则，这笔钱就将流入股东的口袋。只有在发生了严重的事故并且因此不可避免地引来了媒体的关注之后，人们才会关注在这一领域内的任何削减，才能迫使被认定玩忽职守的公司开始认真对待自己的责任。即使他们真的这样做了，也很有可能是为了修复他们的公众形象，而非是发生了意识形态的转变。利润率始终是他们会最先考虑的事情。

新自由主义经济学认为，只有能够帮助股东赚取最多分红的公司才能最好地为公共利益服务，因为这将刺激经济迈向更高峰，从而带来更快的增长。然而，反对者用"利益相关者的防御（stakeholder defence）"对他们进行抗衡，认为每个人——而不仅仅是只占人口一小部分的股东——都在经济中存在利害关系。他们的观点是，想要建立一个公平的社会，就必须让利益相关者享有权利。从利益相关者的角度来看，最有利于股东的做法未必最适合整个社会以及大多数利益相关者。事实上，在很多情况下，我们需要保护社会免受股东的伤害，这种限制显然适用于上述有关健康与安全的问题。在政治上，这是一项难以谨慎协调的举措。近年来，被全球广泛采纳的新自由主义政策使这种行为陷入了更为尴尬的境地。鉴于全球主要的经济体——为国际贸易制定规则的经济体——对新自由主义表现出了极大的热情，新自由主义很难被人忽视或是摒弃。只要你想在国际市场上开展业务，而多数经济体也极其依赖此项活动，那么，你就必然会被纳入一个可以确立贸易条件的新自由主义网络之中。目前，这种命运避无可避。

跨国公司可以在当前这个世界中行使众多经济权力并进而形成政治影响力，而利益相关者却基本上只能充当局外人的角色。政府总是唯恐惹恼跨国公司，因为就业与国内生产总值都极其依赖这些公司的经营状况。事实上，许多此类公司都在设法避免缴纳应交的国税——尽管他们在欧洲各国广泛开展了业务，但却往往一分钱都不缴纳——这表明他们可以施展的影响非常巨大。许多国家的政府无法堵上允许这种做法蓬勃发展的漏洞。避税港与境外金融的持续存在就是有力的证明。避税港正在成为企业界最好的朋友，帮助他们去钻适用于全球主要经济体中的制度空子。税务负担日渐落在利益相关方而不是公司的肩头，随着人们对于这种趋势所带来的影响日渐了解，这种情况开始招致了前者的抗议。因为这意味着贫富差距越来越大。有关股东与利益相关者的对抗的辩论仍在不断延续，尽管后者无疑在当前新自由主义政权的掌控下占据优势地位，在这里，市场享有的特权达到了一种对社会不利的程度。在这个体系中，股东的权利超越了利益相关者的权利。斯密那只"看不见的手"显然给予了一部分人更多的帮助。

"股东防御"的前提是，任何有可能减少公司年利润的东西最终都会从股东手中夺走利润。大幅提高工人的工资水平（高层管理人员除外，也就是在这一点上非常谨慎地保护自己的人）或是在财政上支持有价值的公共事业，就会产生这种不良影响，因此应予以抵制。这与马克思所抨击的经济"盗窃"完全不同：占有性个人主义控制着这一领域。公司几乎完全是为了利润空间最大化而存在，这可以理解为股东最初对这些公司进行投资的原因。社会良知被认为纯粹是一件私事，是个人用自己的钱（他们可以自由处置）而不是商业机构的资金所展示的东西。新自由主义者也不认为这是贪婪。对他们来说，这只不过是现实的商业惯例，他们并不指望在任何时候都能在商业领域找到适用的东西。慈善始于家庭而非工作，这显然不是以股东的名义。

我们有权去问一问，在当前的世界经济秩序中，股东为何会享有这样的特权地位呢？我们最后会在这个位置上得到怎样的结局？实际上，股东已经成为"看不见的手"，他们在公司中的投资深度决定了其股价与市场走势。同样需要记住的是，公司上市可以是一件非常有利可图的事，因此公司希望自己尽可能看起来对潜在股东具有吸引力。如果股价上涨，投资者就会对其越感兴趣。在这一方面，贪婪毫无忠诚可言。它追随成功，这就是上涨的股价所强烈暗示的内容：拉动投资，同时也使公司的进一步上市成为可能。投资者的大量涌现将不可避免地影响到其他股票的价格，往往也会压低公司主要竞争对手的价格——这正是每家公司热衷于实现的。另一方面，如果一只股票的股价大幅下跌，那么投资者很有可能开始将投资转移到其他地方并一直追逐更高的股息。这就是投资的全部意义，它是如此简单、明了。市场的起落加强了股东他们所拥有的力量并解释了为什么企业一心一意地想要将股息最大化。

毫无疑问，一些股东对于投资的看法十分单纯，他们仅仅关注股息的多少，而不是社会良知。这当然是弗里德曼以及一众新自由主义经济学家所相信的：他们的理论致力于使这个世界更适合股东的生存。然而，其他股东也许会更为重视社会利益而非利润。例如，那些寻求"伦理投资（ethical investments）"的人，如具有环保意识或"公平交易（fair trade）"的人。这提供了一种可能性，即如果公司中有足够多关心道德的股东，就可能会对公司政策产生重大影响。理论上来说，股东可以在股东年会上聚集，要求他们所投资的公司在未来做出更为道德的行为。这是从内部改革该系统的一种非常实用的方式。在最近的一个此类例子中，英国石油公司与施乐辉公司的股东在2016年的股东年会上投票反对大幅增加公司首席执行官的薪酬。2012年，在被媒体称之为"股东之春（Shareholder Spring）"的活动中，出现了更为广泛的反对高管涨薪的活动。高管奖金的上涨已经与平均工资完全不成比例，而且持续引发了人尽皆知的丑闻，银行业更是难辞其咎。毕竟，具有说服力的证据表明，在整个西方社会中，富人占有的国家财富份额越来越大，因此利益相关者日益被他们甩在身后。托马斯·皮克蒂的研究提供了全面的统计来证实这一点。

也许有人会认为，股东抱团造反可以阻止这种做法，迫使公司下调奖金。他们坚持认为，有关公司会以更具社会责任感的方式行事。有时甚至是利益相关者的反对也会产生这种效果。例如，2011年，荷兰掀起了一场反对银行业高额奖金的宣传运动，最终说服荷兰政府通过了一项法律，禁止接受公共救助的银行发放此类奖金。这绝对是在这种情况下所制定的一个完全合理的政策。然而，尽管在过去几年中，英国也发生了几起股东反对事件，但它们似乎很少能够产生如此大的影响力。除了媒体的一些负面宣传之外，这些宣传很快便销声匿迹（此类报道往往被委托给了商业新闻板块，很少能够引起更广泛的公众关注）。公司一般会同意重新审视高管层的工资结构，但是很少做出重大改变。人们可能会显得愤世嫉俗并怀疑，那些反对的股东是否对于增加自己的股份红利，或是以自己的方式转移奖金，进行内部瓜分更感兴趣。这与弗里德曼派的学说非常相符。因此也许贪婪又一次起了作用。是不是还有一种可能，股东主要担心公众对奖金制度的普遍敌意——例如，不再光顾这家公司以示抗议——而这可能会威胁到公司的利润？在这种情况下，股东可能只是在试图保护他们的投资，而投资有赖于公司的良好声誉。金融业非常鼓励旁观者持有这种怀疑态度。动机的纯洁性并不是其财务运作的标志，所有参与的人首先都是奔着钱去的。

贫富差距加大
——"股东至上"的弊病日益凸显

新自由主义经济学的一个假设就是,有利于股票市场的东西也会对社会及其各色利益相关者有利。虽然从更为长远的角度来看,这也许是正确的(西方人的生活水平显然比之前,如 100 年前,高出许多,而且以市场为基础的经济在这一成就中发挥了作用)。但是就短期而言,这一点更具争议。实际上,在我们现在所生活的时期,很大一部分人的生活水平正在下降,而且往往是非常急剧的下降。尤其是年轻一代发现,他们的经济前景比父辈们要暗淡得多,而且职业前景大大减弱。这不仅出现在英国和西欧,在美国亦是如此。皮克蒂在《二十一世纪资本论》(*Capital in the Twenty-first Century*)中对此进行了详细地论证:

20 世纪前 10 年到前 20 年之间,收入占前 10% 人群拥有了 45%~50% 的国民收入。20 世纪 40 年代结束前,该比例降到了 30%~35%。在随后的 1950~1970 年,不平等程度一直稳定在该水平。随后,不平等程度在 20 世纪 80 年代迅速加深,直到 2000 年,高收人群的收入水平回落到了国民收入的 45%~50%。变化幅度令人印象深刻。

如果贫富差距如同它在相当长的一段时间里所呈现地那样继续扩大,那么人们就会对新自由主义经济学的有效性产生非常严重的怀疑,因为 20 世纪 80 年代后新出现的不平等现象恰逢政府开始广泛采用新自由主义政策。短暂地失去支配地位之后,贪婪似乎正在重新浮现。皮克蒂的研究中最令人沮丧的特征之一就是,他们揭示了贪婪的统治是一种常态,这对民主来说并不是好消息。中世纪战后的工资与相对财富的飙升是一种例外而非现代社会的规则，这是一个令人清醒的结论。社会不得不面对一代比一代更为贫穷的可能性，这可不是政治阶层想要传达的信息，也不是选民所期望的信息。

皮克蒂之类的经济学家已经提出了有关新自由主义对世界经济的束缚这样具有探索性的问题。他指出："财富分配是当今讨论最为广泛并且最具争议性的问题之一。"皮克蒂对此的回应是要求政府采取行动缩小西方社会的贫富差距。他认为，只有通过对极富裕的阶层征收资产税，才有希望逆转这种差距，迈向对于利益相关者更加公正的社会。他建议可以针对"亿万富翁征收10%或更高的财产税"——即对最有可能参与避税计划的群体，以及最有可能在幕后对政府施加压力以防止征收这种税收的群体施压。如果真的出现这种情况，皮克蒂认为，这将成为一个经济上更加健康的社会，而且更不太可能出现突然的繁荣与萧条，因为贪婪这种冲动的作用范围将受到限制。

我们不能单单依靠市场来实现这种理想状态；根据我们从漫长且通常十分痛苦的经历中所了解到的信息，这不是系统运作的方式。如果需要将民主社会运作所需的共识水平维持在一定水平，那么这种情况就需要获得迫切的关注。正如皮克蒂与祖克曼所指出的那样，"财政许可（fiscal consent）"已经因为避税港体系的存在而面临着巨大的压力，因为它意味着税收只适用于最贫穷至中等收入群体，并且表明富人并没有在社会责任方面尽到自己应尽的责任。对此产生的愤怒完全可以理解，因为这显然是不公平的，因此对富人征收10%的税收似乎是明显值得一试的策略。

然而，贪婪在日益加剧的全球贫富差距中所扮演的角色并未被普通大众所忽视。近年来，人们逐渐建立起了对其的抵制。反资本主义运动已经发展起来，示威者们在八国峰会等国际政府会议上举行抗议活动（因此，现在受到了严格管制），挥舞着"贪婪害命"等挑衅性口号的标语，这使得它变得十分明显，并且带来了大量的媒体报道。占领华尔街的抗议活动引起了广大民众的共鸣，全球范围内也掀起了其他占领运动的热潮（例如在伦敦金融城），这说明反资本主义运动赢得了相当程度的民众支持和同情。信贷崩溃让公众清楚地认识到，在以贪婪为核心因素的金融体系面前，我们是多么脆弱。无论"贪婪是否会害命"，它肯定会压低利益相关者的平均收入以及就业保障。真实的贪欲正在扩大金字塔顶端那1%（皮克蒂的财产税针对的目标人群）与其他社会成员之间的贫富差距，而这种不断扩大的差距正在成为我们这个时代最重要的文化问题之一。这是一种大范围且不健康的社会状况，甚至连这1%的人自己也承认。它导致了一种有趣的现象：针对超级富翁的财富疗法。

为那些因为自己取得了财务成功感到内疚的人提供治疗的想法一定会令马克思感到震惊，超级富翁会因为现在公众的反对之声而感到不安，恐怕连亚当·斯密也没想到。当前，财富疗法已经成了一个实际行业（完全可以预见，它起源于美国），其实践者坚持认为，我们应该更加同情这些超级富翁，因为过度财富可能给这些敏感人群带来严重的心理问题。甚至还有一个名为财富遗产集团的基金会，它存在的目的是代表正在迅速被妖魔化的那一部分人说话。该组织的创始人杰米·特雷格·穆尼（Jamie Traeger-Muney）谴责道，像占领运动一类的运动正在"对某一特定人群做出价值判断"，并因此将他们不公平地视为金融体系失败的替罪羊。特雷格·穆尼说，这样做的结果就是，非常富有的人实际上正在成为无法与其他人自由交往的社会弃儿。他进一步戏剧化地阐明了富人，尤其是超级富豪现在所身处的困境，他断言"向人们表明自己的财富与同性恋出柜极其相似"（人们不得不思索同性恋社群会如何看待这样的比较）。

这些意见背后的论点是，没有任何个人需要对贫富差距担负起个人责任，因此不应该对它的存在感到内疚。从某种立场来看，这种说法很有道理，寻找替罪羊并不是一个富有吸引力的社会特征——对此，现在的移民和难民以及那些获得福利待遇的人再清楚不过了。然而，这确实表明，在一个公共事业支出不断被大幅削减，同时工资不断缩水以及为了应对金融危机而进行削减的时代（上层社会的人基本未受波及），社会并不了解处于社会经济底层的人们可能感觉有多糟。牛津饥荒救济委员会出具的数据表明，全球1%的人所占有的全球财富份额从2009年的44%上升到了2014年的48%——在经历了信贷崩溃之后。当我们结合皮克蒂与祖克曼的研究一起审视这些数字时，就会发现一个特定的模式。2010年，英国即将上台的联合政府坚持认为，我们必须承认"我们都身处其中"，但这已被证明是一种虚假的言论。有一部分人显然并未与其他人一起"身处其中"，相反，他们巧妙地借此机会赚了一笔，并且完全没有受到公共部门削减的影响。相互责任原则一再被用于解释这种削减。也许超级富豪应该在经济普遍紊乱的时期更认真地考虑他们的情况，而不是咨询财富治疗师。

对皮克蒂来说，只有当西方国家政府向社会高收入人群大幅增加税收时，才能阻止当前日益扩大的贫富差距以及绝大多数人生活水平的进一步下降。这是一个诱人、简单的解决方案，对于各地的财富治疗师而言却是一则坏消息，但它也存在缺点。尽管财产税的概念很可能在利益相关者中十分流行，但是在富人之间却并非如此，而根据有关逃税的统计数据，我们不应对该阶层的社会良知持乐观态度，至少从一般意义上来说是如此。让富人们按照目前的税率缴纳税款已经很是困难，更别提对他们而言意味着进一步妖魔化的惩罚性税率了。在更高的税收面前，他们还有很多选择。他们无疑会尽可能快地利用它们。对于大多数人来说，心理上的负罪感比大幅减少财富更可取。在这群人中，财政许可非常薄弱。当法国在2012年推出这样的惩罚性税率（对收入100万欧元及以上的人群征收75%的税，税率超过了皮克蒂的建议）时，在全国范围内引发了强烈抗议，尽管民意调查显示大多数人支持提高对非常富有的人的税收额度。一些知名人士[尤其是影星杰拉尔·德帕迪约（Gérard Depardieu）]离开法国，选择在比利时等其他税率较低的欧洲国家定居。由于税收如此不受欢迎，法国政府被迫让步并于2015年废除了这项政策。受到这种结果的影响，其他欧洲国家政府几乎不会效仿法国的做法。利益相关者的时代依然没有来临。

适合股东的世界是适合市场的世界，市场永远不会消失。你也许会将其视作是令人绝望的忠告，但我们必须时刻牢记，市场是人类的发明，它不是一种理所当然的事实——比如说，自然。它的确给人留下了源自于人性深处的某些东西的印象，但是我们并非命中注定要臣服在它的脚下，无论允许其中的一切得到充分的表达会产生何种效果。如果我们这样做了，那么我们就无法生活在业已发展起来的良序社会之中，它会更像是霍布斯的噩梦。我们需要对"适合股东的世界"——即不存在如此苛待利益相关方行为的世界——的组成成分进行重新定义。不能允许米尔顿·弗里德曼在这个问题上强辩到底。

适合股东的世界也不等同于适合工人的世界。西方世界的就业实践正在倒退，这不能仅仅归结为当前的紧缩政策。工厂与商店工人发现他们的状况正在恶化，因为雇主找到了新的合约方式来节约开支，从而将更多的利润汇聚到业主和股东手中，并且扩大了政治理论家盖伊·斯坦丁（Guy Standing）所称的"不稳定无产者"阶层。随着市场原则被越来越无情地加以应用，工人的权利一直在不断被削弱。例如，在为在线订购公司组织提供服务的仓库中，工人的待遇往往只比机器人好一点，他们的肢体活动受到腕带或脚环等小工具的监控，用以检查他们是否努力工作。该行业中的一些公司已经将此归结为合乎逻辑的结论，并开始在仓库中使用真正的机器人。工会受到了一系列遏制工会权力（组织、罢工或讨价还价）的新法律的阻挠，工会保护其成员免受无良雇主的伤害的能力开始变弱——如果工会还依然存在的话，因为许多工作场所禁止成立工会。过去几十年来，这种变化的累积效应在工作场所工会化方面出现了大幅下降，现在这种变化正在从战后高峰迅速萎缩。

媒体已经开始习惯于规范地将目前的雇佣惯例称作是"狄更斯式"，并且往往只有在报纸或电视公司展开调查之后，公众才能发现某些公司的情况有多糟糕。有时，这会让股东们震惊并开始对公司管理层抱怨、要求改进工作实践（尽管通常只有在舆论哗然之后，股东才会提出这样尴尬的要求），股市的价值可能会因为不利的关注而下降。更令人担忧的是这种情况反映出的雇主的心态：必须尽可能压榨员工才能增加利润，而且管理层应该测试将员工逼迫到何种程度才不会被外人注意到。然而，如果激起了足够的公愤，即使对商业友好的政府也不得不将针对公司的调查作为一种权宜之计。令人遗憾的是，通常只有在出现一则极端的例子之后才会发生这种情况，只要公司不触犯法律，他们在就业方面所采取的卑鄙手段就会逃脱惩罚。临时工合同也许不公平，但他们仍然合法。只有贪婪才能解释这一政策，这听起来更像是霍布斯口中可怕的"自然状态"，而不是21世纪的自由民主。可悲的是，这种态度给人的印象是它在这个环境中普遍存在，它是对人性的又一次谴责：当你手握权力时会对弱势群体进行掠夺，除非被抓住，否则你将继续这样做。卑鄙已经成为管理者最需要展示的特质，就好像企业想要证明，卑鄙而非温顺的人注定将继承地球一样。尽管调查性新闻可以提供帮助，但是它无法揭露所有的不正之风，被揭露的很可能只是冰山一角。尽管股东偶尔会在股东年会上提出挑战，但他们一直是这种显著的文化转移的主要受益者。毫无疑问，正如皮克蒂和祖克曼这类具有社会意识的经济学家所指出的那样，它加剧了社会上层与下层之间的财富差距。令人遗憾的是，贪婪对人类关系与整体生活质量的影响显而易见。

在某些时候，所有这些将不再合乎情理。大幅削减福利，进一步压低工资水平将意味着大量产品的消费量将下降。那么，公司的利润也会下降，因为仅靠富人无法支撑起社会赖以创造繁荣并保证长期经济稳定的大众市场（在这个问题上，机器人也无能为力，而且将机器人作为劳动力将会给社会带来怎样的问题还有待观察，机器人也无须交税）。如果顺其自然，市场总会通过自己可以利用的任何方式来增加利润，并相信最终会达到均衡。尽管在事情得到妥善解决之前，无疑会有一大群脆弱的利益相关者总会遭受相当大的痛苦。然而，有时候并非如此，我们发现自己面临的是抵制恢复均衡的危机，这是当前世界经济状况强烈表明的一种情况。如果这就是我们前进的方向，或者是金融精英的贪婪所推动的方向，那么也许连股东们也会开始怀疑，这个旨在让少数人受益的系统是否出现了问题。新自由主义和金融业确实需要做出大量解释。

第五章
贪婪与食品行业：
被暗中催发的食欲

说到食物，贪食似乎是一种普遍现象：不论社会贫穷或是富裕，你都随时能在人类历史中找到贪欲的例子。中世纪的基督教会将贪食列为七宗罪之一，认为它与禁欲主义这个真正信徒的标志相去甚远。个人应该更关心灵魂问题而非身体欲求，而且教会并不赞成毫无节制的行为。尽管如此，臃肿肥胖的修道士的形象却十分常见，而且经常受到当时的流行文化的嘲笑："淫欲与暴食一直是修道士身上极为显著的恶习，15世纪时，这些习惯与其他针对修道士的指控一道，开始日益频繁地与宗教秩序产生了冲突。"现在，七宗罪的概念中也许不再具有曾经的宗教意义，但我们仍然会通俗地将那些胃口特别大的人称为暴食者，这种称谓往往带着批判的意图（即便它藏在了幽默嘲讽的伪装之下）。再想想，对财富的巨大贪欲是如何催生那些针对"肥猫"的嘲讽的。不是所有人都贪吃，至少不会公开表现出这种贪欲，但是显然很多人并不属于这一类别。延迟满足完全无法对他们的消费习惯起到任何作用，相反，他们会尽可能地让自己放纵到极点。这是行为无节制的一个显而易见的例子。

肥胖流行的罪魁祸首
——被加入过多糖分的食品

对大多数人来说，贪食并不是一个多么重大的问题。毕竟，这是个人的选择，是自由意志的表达，而我们的文化也积极倡导个人主义。我们都是身体的"所有者"，因此有权决定如何对待它。与此同时，食品制造商也十分乐意满足并且鼓动暴食者的需求。贪欲是该行业一个主要的利润来源，它渴望看到所有人的消费数量都不断增加。他们才不关心我们的腰围到底有多大。对食品制造商和零售商而言，过量是一个很好的特征，而且他们将尽其所能培养这种特质。然而，越来越多的公众意识到，事实上，它远没有这么简单，这种贪婪形式的社会后果往往非常严重。目前，医学界越来越倾向于用"肥胖病"来描述西方主要国家的这种现象，而我们正处于"肥胖病"的中心。这种疾病影响深远，可能会以某种形式影响我们所有人（如果提到暴食病就将造成更大的冲击，但是这意味着落在个人身上的指责将比现在还要多）。

值得注意的是，人们对于超重的确切标准存在一定程度的争议。判断的基础通常是通过身高与体重的比值确定的体重指数（BMI）量表。一般而言，体重指数越高，患有心脏病、糖尿病和其他与体重有关的病症的风险就越高（应该注意的是，体重指数并不是肥胖的确诊依据，因为肌肉发达的人也有可能体重指数偏高，但是他们身上却没有过多的脂肪）。目前人们通常认为如果体重指数超过 $25kg/m^2$ 就属于过重，超过 $30kg/m^2$ 就属于肥胖，$40kg/m^2$ 以上属于病态肥胖，而超过 $50kg/m^2$ 则是超病态肥胖。过重这一类别仅比所谓的"正常"或"理想"体重指数（$18.5kg/m^2$~$25kg/m^2$）稍高一点。它究竟能否算是一个重大问题？在这一点上，人们一直对公共卫生部门抱有怀疑的态度。然而，即便真的存在过度的情况，这种过度也是可以理解的，因为随着肥胖程度的增加，健康风险确实也会显著地增加。例如，糖尿病最常见的形式（2型糖尿病）在很大程度上是严重超重的结果，而且在很多情况下可以通过显著减轻体重（只要能够小心地加以维持）来阻止病情进一步恶化。

肥胖对健康有害并不是什么秘密，西方国家的医疗系统发现，这种疾病所带来的各种问题越来越难以应对。根据最近的数据，英国约有1/4的成年人口可以被归为超重，更令人担忧的是，1/3的美国人属于此类。两国中此类人的比重都在上升，这些问题变得越来越明显。肥胖患者可能会对资源造成更多的消耗。例如，肥胖症为母婴及相关医务人员都带来了特殊的问题——肥胖的母亲需要比普通人更多的关心和照顾，并且往往容易在分娩过程中发生严重的并发症。孕产妇死亡率的秘密调查项目（CEMACH）主任指出："肥胖孕产妇的死亡风险，可能比体重正常的妇女高4到5倍——她们的婴儿也是如此。"西方国家的社保服务部门正在认真对待这个问题，并对医疗人员在这些情况下可能会遇见的各种并发症以及如何更好地照顾孕产妇进行了一系列详细研究，力图将出现最糟糕结果的可能性降至最低。最近的一份报告显示，这些并发症可能会引发令人绝望的情况：

一个有力的国际研究显示：对于母亲与孩子而言，妊娠前体重指数的增加与不良妊娠结果之间存在关联。妊娠前或妊娠早期的体重指数 > 30 kg/m² （临床定义为肥胖）的女性，其死亡率与罹患妊娠糖尿病与先兆子痫等疾病的风险显著增加。就儿童而言，母乳喂养率降低、先天性异常以及新生儿死亡率的风险将会增加。

正如研究指出的那样，所有这些都意味着医务人员需要付出额外的工作，而且"较之照顾体重指数在推荐范围内的孕期女性，这些额外的干预措施会增加医疗服务的成本。"

极度肥胖的孕妇在住院期间还可能需要特殊设施，这也会增加成本。例如，病床与手术台可能无法承受她们的体重，因此需要经过特别加固的设施。英国东北部的一家医院报道：

产科病房不得不购买一个能够承受254公斤的新手术台。它的使用频率很高，因为大约一半的肥胖孕妇最终需要进行剖腹产手术。

也许这个例子听起来有些极端，但是它在英国的医疗系统中已经司空见惯。肥胖的确容易带来意想不到的后果，而且会给社会带来明显的影响——"频繁"使用这种手术台就暗示了这一点。因此，应该对导致肥胖病日益增长的因素进行极为详尽的检查，食品行业的动机显然应该归入这一类。

也许食品制造商并不是引发肥胖症的罪魁祸首，但是他们已经能够十分熟练地利用它来为自己赢得利益。我们吃得越多，他们销售的产品就越多；他们卖得越多，利润当然也就越高。在以消费者为导向的社会中，食物是主要的消费内容之一，任何人都很容易陷入其中。毕竟，食物是我们生活中的必需品，我们对于食物的渴望每隔一段时间就会产生。就食品工业而言，这些间隔越短越好，制造商和零售商在增加渴望频率的方面存在不少心得——例如，鼓励我们在两餐之间多吃点零食——因为广告总是敦促我们为了提高能量而这样做。食品业出售我们想要的东西并从中获益，因此我们乐于接受它对于产品的展示方式以及厂家所声称的效果。

但事情远没有这么简单。食品制造商会通过调整产品成分使我们成瘾，这样就能增加它的销售。但这往往会增加人们患上肥胖症的几率。有充分的文献记载表明人类喜爱甜味，而满足这种渴望的食物往往十分畅销——几乎所有人都会在某个时候屈服于糖的诱惑。我们似乎生来就会被甜食所吸引，多数孩子在生命早期就对这些食物产生了强烈的需求。糖是一种镇痛剂，过去医院的工作人员有时会将它作为替婴儿减轻疼痛的一种方法，因为它似乎可以对他们产生舒缓作用（尽管最近的一些研究对此提出了质疑）。如果父母对甜食产品的态度相同，那么他们很可能会将其饮食偏好传给自己的后代。这种情况在超重家庭十分普遍，如果父母就是甜食的超级喜好者，孩子对于甜食的喜好很容易生根发芽。糖的吸引力是如此强大，因此，对于甜食的喜好可以一直延续至成年生活一点也不奇怪。巧克力制造商早已认识到这一点并不断致力于开发新的产品系列来诱发公众对于甜食的喜好。整个糕点行业都不例外。

增加产品的甜度，就是增加其对公众的吸引力——快餐业十分清楚这个事实。将糖与盐结合在一起几乎总能战无不胜，因此含有咸味焦糖和巧克力的食谱十分盛行，英国餐馆的甜点菜单上就可以找到各色此类甜品。这种点心绝对会增加个人的卡路里摄入量，从而增加他们的体重。经常食用糖和盐就会产生这种效果，并且它很快就会让人上瘾。有一天，我注意到本地一家咖啡店在出售一种小块的咸焦糖果子馅饼，价格标签上标明卡路里数竟为612——伴着咖啡几口就能吃完的一份小零食，居然含有如此高的卡路里！如果你一直在仔细地控制自己的体重，控制每日的卡路里摄入量，就绝对不会去碰这种点心。我的故乡苏格兰有一道小吃——油炸玛氏士力架就属于这种体积小热量高的食品，它让人欲罢不能。油炸酥饼更是增添了苏格兰食谱的罪恶（苏格兰人也因吝啬而闻名，不过这一点暂且不谈）。

现在，医学界认为糖会对公众健康构成非常大的风险，其危害甚至超过了盐，因此他们建议我们尽可能减少糖的摄入量。据估计，目前在超市销售的食品中，高达80%的食品添加了糖，因此，改变饮食习惯的任务十分艰巨：环境并不是总对我们有利。糖和盐都是饮食中必不可少的元素，但是我们必须密切关注它们的摄入量。然而，目前我们似乎并未密切关切其中的任何一种，因此，我们的体重指数受到了影响。

将甜味与咸味混合在一起往往会吸引相当比例的消费者，因此食品行业学会了使农产品适应公众偏爱甜味而不是酸味与苦味的喜好，以极其微妙的方式增加我们对的糖摄入量，这可能会让我们更难抵制（更糟糕的是，我们甚至更难以发现）。目前超市出售的许多蔬菜都通过了基因工程的处理，以降低其酸味或苦味同时增强其甜味，从而放纵这种"人性化"的弱点。"脱苦（debittering）"处理同样可以实现这种效果，尽管玛尔塔·萨拉斯卡（Marta Zaraska）在《新科学家》（New Scientist）中指出，这种做法存在"将带有苦味的水果和蔬菜变成了摆在新鲜农产品货架上的垃圾食品"的风险。鉴于垃圾食品的盛行及其在肥胖症流行中所起的突出作用，这种趋势令人深感忧虑，并且值得我们密切关注。

詹妮弗·麦克拉甘（Jennifer McLagan）在其著作《苦》（Bitter）中指出，脱苦农产品对我们的健康有害无益，因为带有苦味的食物含有对我们的身体有益的化合物和化学物质。她举了一个很有启发性的例子：

葡萄柚之所以具有独特的苦味是因为它含有柚苷这种化学物质，其中白葡萄柚的柚苷含量要高于粉红或红葡萄柚。全球上一半以上的葡萄柚都被制成了果汁，柚苷在生产过程中被过滤掉了，这一过程被称为"脱苦"。这不仅使柚子汁的口感不再富有层次，而且还去除了一种对身体非常有益的抗氧化剂。

因为抗氧化剂可以中和我们体内的自由基，削弱它们的效果显然不是一个好主意。麦克拉甘建议你自己动手榨葡萄柚汁，以便最大程度的从果汁中获益——这是一个明智的建议。然而，正如扎拉斯卡所指出的那样，越来越难在蔬菜水果店或超市的货架上找到白葡萄柚，因为种植者与销售商都发现，更甜的粉红与红色品种更受消费者欢迎。供给是为了满足需求，因此现在粉红葡萄柚与红葡萄柚占据了市场的主导地位。这说明销售会对你的饮食产生深远的影响。甜味又一次赢得了胜利，实际上，它很少会失败。

蔬菜也会进行脱苦处理，比如西兰花，它现在的味道远不如过去苦——这再一次损害了它的营养价值。西兰花与其他芸薹属植物一样，含有芥子油苷，一些研究声称它具有抗癌的功效。尽管这一点还未得到最终证实，但是人们普遍认为，西兰花和其他芸薹属植物富含对我们的健康有益的多种营养成分，因此减少这些营养的处理都不会对我们有利。同样有趣的是，烹饪家们也建议我们在食用茄子之前先用盐进行腌制，以便去除它的苦味。可见，苦味往往被视作一种缺陷，似乎减少苦味的过程非常可取。

成熟的西红柿具有一定的天然甜味，现在我们可以通过基因工程来提高它的甜度。许多消费者发现，当它的酸度降低后会变得更为可口。于是，那些没有经过处理的"老式的"天然西红柿就倒了大霉了——我们在市场上越来越难以见到它们的身影。只要需求能够得到保证，供应就会不断满足需求。在这个例子中，与其说人们关心的是苦味，还不如说是脱苦的过程。在食物这个问题上，公众总能在餐盘上得到自己想要的东西。也有人在寻求着改变。麦克拉甘试图通过提供一系列可以最大限度地利用苦味食物的食谱来抵制这种趋势，但是现在的问题是，我们越来越难以获得未经处理的食物。如果超市停止销售带有苦味的水果与蔬菜，就会对国民的饮食产带来不可避免的连锁反应。

提供公众想要的东西——也可以说是，喂饱它们的弱点——这正是快餐业所要做的，而且它必须因为肥胖症的蔓延而受到指责。在美国这样的国家尤是如此。快餐已经成为美国人日常饮食的主要组成部分，其消费规模远超欧洲，甚至有评论员说"美国人的食欲无法满足"。快餐因其含糖量高而臭名昭著，可以预见的是，孩子喜爱快餐而且极其愿意将其作为日常饮食的一部分。显然，肯德基和麦当劳现已成为美国人生活中不可分割的一部分，而且它们在欧洲以及世界其他地方的扩张速度正在逐年增长。麦当劳采取了以略高于标准餐的价格，大力推销"超大份"套餐这种有些声名狼藉的策略。这种做法只会加速顾客体重的增长，因为他们提高了高热量食品的摄入。电影制作人摩根·斯普尔克特（Morgan Spurlock）通过2004年发行的纪录片《超码的我》（*Super Size Me*, 2004）展示了如果按照麦当劳的促销广告选择超大份套餐可能会有害健康。他在进行实验的一个月内，仅以麦当劳为食，只要员工向他推荐超大份套餐，他就欣然接受，以此来研究这种饮食会对他的健康造成怎样的影响。这种研究方法虽然不太科学，因为斯普尔克特是唯一的实验对象（这意味着无法从实验中得出普遍结论）。但是，随后医生对他进行的医学检查似乎也证实了一些令人担忧的结果：他的体重增加了13%，胆固醇水平大幅上升，他甚至出现了脂肪肝。人们可以认为，大量食用炸鸡、汉堡和炸薯条会对人体产生不利的影响。

斯普尔克特所测试的这种高脂肪、高糖、高盐饮食也与西方社会2型糖尿病发病率的增加有关。国际糖尿病联合会主席大卫·卡文（David Cavan）对于这一趋势将导致的结果发出了严厉的警告："我们在谈论的这种流行病不仅有可能危害健康系统，使其在压力之下崩溃，而且甚至会影响整个经济。"这种新的"流行病"在城市中尤为普遍，那里步履匆匆、时常紧张忙碌的生活方式鼓励人们消费快餐。城市里快餐店遍地开花，城中心的整条街道餐馆林立，公交车站与火车站更是将黄金地段提供给了快餐店，以便为匆忙赶路的我们提供方便。

一些欧洲国家，特别是法国和意大利，试图就美国快餐巨头对本国餐馆的"殖民化"行为进行原则性的抵制，以维护自己十分珍视的饮食传统。意大利甚至是专门反对快餐入侵的"慢食"运动的发源地。顾名思义，慢食对于我们应该如何消费有着完全不同的看法，它强调饮食的社会与审美意义，而不是快餐行业赖以兴盛的令人上瘾的东西。在意大利和其他地方，"慢城（slow city）"运动吸引了众多追随者，其目的是为了减慢城市生活的节奏，特别是减弱无尽的车流以及随之而来的噪音和污染。一些城市和城镇——比如波西塔诺与奥尔维耶托已经将这种理念付诸实践。"慢"这个标签中包含了一套完整的生活方式的伦理。"慢食"爱好者们对麦当劳或肯德基提供的即时满足的承诺深恶痛绝，他们完全反对这种观点背后隐藏的世界观，并且极力推行更加坚定地植根于意大利传统的态度。在意大利，食物能够获得更大的尊重，同时也带有一定的仪式感。在这个问题上，新旧世界之间存在着明显的文化差异。

然而，从长远来看，"慢食"与垃圾食品之间的对抗结果不容乐观。现在，与其他西方国家一样，意大利的大街小巷也遍布着众多的快餐店，他们已经成功地吸引了年轻的一代。这一代人热情欢迎美国为他们的日常生活带来的日益深刻的影响（从他们听的音乐，观看的电影以及穿着的服饰都能看得出来）。在这种情况下，法国与意大利的传统主义者对本国美食未来的担忧并非杞人忧天，他们担心现在的年轻一代很可能会继续选择他们已经习惯了的便捷的快餐或垃圾食品。

垃圾食品行业的另一项优势就是，可以依靠大规模的广告来传递信息，而这些在我们的日常生活中难以避免。这个行业极为精通心理操纵的黑暗艺术，很多广告的直接目标都是孩子，他们绝对有本事缠着父母给他们买一顿快餐，直到父母最终屈服于孩子的坚持，然后缴械投降。电视、互联网以及遍布城中心的广告牌充斥着快餐的广告，它们将信息牢牢植入公众的脑海中。从机场到市区的路线似乎最受"欢迎"，它能帮助来旅游的人迅速做出判断，在哪里可以享用到最便捷美味的快餐。过去的一两天里，你不可能没有看到快餐巨头的广告。除非你完全避开城中心，或是没有阅读报纸或杂志，并且不准备使用现代科技产品。否则，你迟早会被快餐供应商的甜言蜜语所包围，他们向大众所推销的是被一位特别挑剔的评论家称之为"降级的工业化食品"的东西。

"肥胖流行病"确实引发了一个棘手的问题：我们面对的到底是上瘾的问题，还是贪婪的问题。换句话说，肥胖者真的能够控制住自己吗？他们的渴望，或者说他们对这些渴望的反应，真的在他们的掌控之中吗？从某种程度上来说，暴食似乎是一种比肥胖更为活跃的状态。暴食是你所做的事，而肥胖则是发生在你身上的事。这里需要考虑很多因素，比如遗传因素或是家族病史。新闻中时不时会出现有关寻找"脂肪基因"的报道。据说它会影响人们的饮食习惯，因而使肥胖症患者逃脱了个人指责。超重的人已经懂得用这一概念来为自己的身体状况开脱，尽管所谓的肥胖基因并未得到证实，而且研究人员的努力很可能徒劳无功。最近发表在《健康教育与行为》（*Health Education and Behavior*）上的一项研究报告指出，那些相信"肥胖基因"存在的人往往比一般人吃得多，总体上来说，他们饮食不健康，锻炼也更少，从而导致他们血糖水平升高。这在某种程度上是一种自我实现的预言。对你来说，相信脂肪基因与脂肪基因本身一样有害——如果它真的存在的话。

然而，即使那些肥胖的人真的控制不住自己，这也不意味着食品工业能够以他们常用的利用公众成瘾的习惯来获利。我们可以鼓励人们上瘾，也可以治疗他们的这种状态。诚然，瘾并不总是能被治愈，甚至不具备可治愈性（这是心理学中的一块灰色区域，专家们并未就此达成明确共识），但至少在某种程度上，可以将肥胖症控制在一定程度。然而，快餐业并没有兴趣真正这样去做，不论他们在公众面前做出了何种表态，不论他们是否在菜单上提供了沙拉以便使他们看起来更健康。有人怀疑，这些沙拉很可能含有一些脱苦蔬菜，因此最多只是一种象征，尤其是它们只是超大份高热量食物的佐餐。贪婪创造了一个市场，我们文化的组织方式完全是为了满足市场的需求。这正是市场认为自己应付的首要责任，尤其是它带来了更高的股东回报。虽然这里显然有某种偏好在发挥作用，但是我们必须知道，是否有可能区分上瘾与贪婪。然而，充分利用我们弱点盈利的食品行业并不能在这一点上为我们提供帮助。毫无疑问，肥胖症和糖尿病蔓延就证明了这一点。

除了销售食品之外，肥胖症还能带来别的利润。饮食行业必须依靠肥胖症才能获得蓬勃发展，报纸与杂志上充斥宣传减肥计划、膳食补充剂与私人教练的广告，它们的目的都是为了帮助那些超重的人减掉多余的脂肪。肥胖症越流行，这些行业的利润率就越高。

很有意思的是，肥胖症对两个截然不同的群体都有好处，尽管人们可能会愤世嫉俗地说，两者都依赖于肥胖症的流行，因为它是培育利润动机的特别肥沃的土壤。使人们称为超重人士有利可图，帮助他们减肥（至少是尝试这样做）同样可以获得利润，因此双方都是赢家。私人医生也很快意识到，这一领域有利可图，并且愿意提供收费的外科手术来治疗肥胖症——例如，使用胃束带来缩小胃的尺寸，从而降低他们的食欲。在一个以市场为基础的社会中，一切能够带来经济回报的东西都将受到热烈欢迎。

如何催发人的酒瘾？
——增加酒的糖分

我们也可以考虑是否需要谈一谈对于酒精的贪欲，它表现的方式与对于食物的贪欲相似。也就是说，通过要求越来越多的摄入，一个人的欲望会越来越得不到满足。酗酒者的身体中似乎确实存在控制其行为的"空洞"，而贪婪无疑提供了他们所渴望的东西。如今，针对滥用酒精的医学警告已经数不胜数，医学界也明确规定了男性和女性在一周内安全的酒精摄入量。

如果你准备接受手术或是去医院接受任何一种治疗，医生都会询问你的酒精摄入量，将其与推荐值进行比较并指出你是否超过了推荐的限度（他们一般会建议你尽早减少酒精摄入量）。然而，饮酒问题属于我们之前提过的自由意志的管辖。我们必须假设，个人可以选择应用任何数量的酒类产品，而干涉个人选择则违背了当时盛行的意识形态并带有明显的自由主义倾向。与快餐一样，酒也在媒体上广泛宣传，尤其是在报纸、杂志和广告牌。同样的，在我们的日常生活中也很难避免接触到酒。在这两种情况下，最关键的问题是贪婪阶级利用人的弱点来赚取利润。

政府可能会对硬性毒品进行干预，整个西方国家都对其进行了严格的规定和惩罚。然而，即使在这个问题上，自由主义者也经常呼吁对法律进行修改——例如，这种情况在像大麻这样的软性毒品上就曾发生过——他们的理由是：这是对消费者选择的拒绝。这是一个以非常严肃的态度对待消费者选择的社会：你有权决定如何对待自己的身体与思想。他们可以提供建议和指导，可以说服你，但却无法强迫你按照他们的要求去做。在整个西方国家，酒类销售可能会受到一些限制（如定价），但是你随处都能买到酒，而且如果你选择过度放纵，就没有任何人可以阻止你。在英国，近年来，特许可经营法已经大大放宽，而且酒吧的营业时间比20世纪的任何时候都要长。这么做的理由是，延长酒吧的营业时间之后，人们就不会因为必须早早回家无所事事而在家中喝得酩酊大醉。然而，近年来，许多地方政府都认为酗酒，尤其是年轻一代的酗酒行为令人担忧。

这种关注带来的一种结果就是一系列吸引公众注意过度放纵和酗酒危险的宣传活动。最近的一次此类活动名为"在10月保持清醒"。这个口号足够吸引人的，但是人们怀疑这样的运动能够对真正的酗酒者产生多大的影响，或者更为重要的是，这能够影响他们的长期养成的习惯。当11月来临，圣诞节即将到来的时候，会发生什么呢？节日期间，酒类产品的广告也会铺天盖地而来，节制就变得更加困难。出于健康的考虑，英国一直在降低其推荐的酒精摄入量，但是这种做法成效如何仍存在争议。2016年提出的新标准已经引发了许多争议，而且使得在健康检查中与医生的交流也变得越来越尴尬。如果卫生当局是正确的，那么我们就会面临一种与肥胖症肆虐相似的嗜酒症的流行。也许，我们已经身处这种境地了。然而，在合理的摄入量这个问题上，人们的看法似乎存在分歧，英国建议的摄入量是欧洲最低的；相比之下，西班牙的推荐量是英国的2.5倍（西班牙是主要的葡萄酒生产国，因此这或许并不令人惊讶）。与食物一样，酒精消费的增加相当于为原本利润已经很高的行业再度增添了利润。贪婪，以及随之而来的缺乏节制，对某些人来说总是一个好消息。

糖也存在于酒精产品中，是酿酒过程中的发酵过程的一部分，所以这是我们很多人可能没有考虑到的另一种糖来源。大多数年轻人在第一次喝酒的时候，都喜欢喝更甜的酒，这并非偶然。从他们喜欢的水果味的苹果酒、加糖的饮料和碳酸饮料就能看得出来。大多数葡萄酒饮用者在变老的过程中，最终会转向喝更干燥（也就是不那么甜）的葡萄酒，但即使是这些酒也含有一些糖分，这仅仅是葡萄在葡萄藤上成熟的结果。葡萄的成熟程度越高，其含糖量就越高。由于葡萄酒中含有大量的成熟葡萄，所以酒精含量较高，因此，它的口感比其他类型的酒更甜，除非后者是故意加糖以提高酒精含量。

全球变暖也是一个重要的影响因素。因为随着气候的变化，大部分葡萄酒的酒精含量在一段时间内一直在稳步上升。就在几年前，大多数佐餐酒只含有 12.13% 的酒精，而如今这一比例有可能达到 14.15%。这意味着葡萄酒饮用者的糖摄入量会相应增加。气候变化在这一趋势中的确切作用仍在争论，有人认为，消费者至少应该承担部分责任。因为在葡萄酒饮用人群中，酒精度高的葡萄酒往往很受欢迎。也许，这更证明了糖的潜在影响：提高糖的含量，就能增加酒的销量。全球变暖没有尽头——这肯定会使葡萄的糖分增加。进而使得生产更多酒精含量更高的葡萄酒变得更容易，而这些酒会得到消费者的认可。我们可能会想，酒精度会上升多少才是个头（目前超过 16% 的佐餐酒十分少见）。和葡萄酒类似，啤酒中的酒精含量越高，它就越甜。即使是干型香槟也仍然含有糖分，它只不过低于正常水平而已（有些香槟酒行会推出超干型香槟，这种酒可以完全没有任何剂量——也就是说，会在发酵过程中添加糖。即使是那些喜欢干葡萄酒的人也会发现这是一种略带挑战的饮酒体验。然而，这并不普遍，这只是某种利基产品①）。

  无论我们是否将其称作暴食，不可否认的是，摄入过度的食物，特别是那些甜度更高的食物（包括软饮料和酒），应该对西方社会的许多问题起了推波助澜的作用。人们的健康会受到影响，公共财政会受到影响（在许多情况下，个人的财务状况会受到牵连），民众的整体生活质量会大打折扣。然而，商人们的利润大大增加。因此，鼓励这种贪婪是有既得利益的，即使这意味着鼓励人们上瘾，但可悲的事实是——上瘾等于利润。在新自由主义的世界中，贪婪和利润是非常有效的互补。

---

① 表现出许多有别于其他产品的特点，并且获得消费者认可的产品。——译者注

第六章
贪婪与医保行业:
金钱与健康的抉择

总体而言，医保这一领域为贪欲提供了相当大的操作空间，而这个问题应当引起我们的关注。健康这类根本问题必然无法交由变幻莫测的市场来处理。事实上，从医生及医院收取的费用再到他们开出的处方，全球各地的许多做法恰恰就是如此。在制药行业，"大型制药公司（Big Pharma）"的新药定价政策臭名昭著，许多药价已经超出了世界上大部分人的承受能力。视健康为利润源泉的私营医保制度已经成为多数国家的主要制度，而穷人确实很难恰当地享受这种制度。看看美国的现状就能发现一个非常具有启示意义的例子，相当数量的美国公民无力承担覆盖了医疗费用的医疗保险。私营诊所也发现了整容手术等业务所蕴含的潜力，而这已迅速发展成为一个庞大的产业——确切地说，是针对能够支付得起这些费用的幸运儿的产业。

当医疗行业开始牟取利润
——谁来为大众的健康买单？

贪婪正在成为整个医疗行业中的反社会趋势，这对于所有人来说都具有重要意义——医疗保健是一种普遍需求，而非奢侈品。你的人生不会因为买不起昂贵的新车或是高科技产品而变得凄惨，但如果你无力承担一台至关重要的手术的费用，那可就不一样了。许多英国人认为，英国的公共卫生服务机构——国家医疗服务体系（NHS）是近代英国社会最伟大的成就之一。但是近年来，政府一直不断对其进行私有化的干预。为了抵抗这种政策，"反NHS私有化"运动应运而生。反对者在网站上表达了自己对于逐步私有化的态度：

反NHS私有化运动旨在通过反对削减政策来阻止私有化。我们打算掀起一场运动，促使政治家恢复由政府全额资助、政府运营、政府负责的全面的NHS。以免NHS日渐沦落成替私人利润服务的空洞项目。

然而，悄然出现的私有化项目依旧迅速展开，越来越多的NHS内部业务引入了私营成分。结果，在这个旨在不以盈利为目的的医保体系中，混入了各类想从中攫取利润的私营公司。自20世纪40年代建立NHS以来，制药行业显然从中赚取了可观的利润。

大型制药公司站在为世界上一些最为致命的疾病（如癌症、艾滋病以及最近在非洲爆发的埃博拉疫情等）开发新药的最前沿。他们一直在研究能够治愈这些疾病的办法，从人道主义的角度来说，他们也应该这样做。

然而，研究离不开资金。各大制药公司确实在研发方面投入了大量资金，在某些情况下，往往只有在历时数年并耗费巨资之后，产品才能进入市场。因此，当药品上市后，他们自然希望能够获得大量回报。只要涉及此类新药的价格，问题就会出现。这些药品可能会给由政府资助的医疗保健系统带来巨大的预算压力，并且会显著增加在私立医院就诊的患者所需承担的药费。许多美国人甚至因此开始在墨西哥和加拿大等药价更为便宜的地方购买药物。甚至还出现了一些针对老年人的出境游，专门为他们提供囤积更便宜药物的机会。你可以将其理解为资本主义所取得的胜利，也能将其视作是对它的一种控诉，就看你怎么想了。一家位于亚利桑那州斯科茨代尔的公司就提供此类旅行。它将其称作"购药游"，清晰明确地表明了旅行的目的。一个热门的目的地是墨西哥的边境城市洛斯阿尔戈多内斯。为了应对这股入境游热潮，那里现在遍地都是药店与牙医和医生的诊所。最近，一篇有关"医疗旅游（medical tourism）"现象的报道称："它发生在两个不同的世界中，一方面，它在很大程度上遭到了美国食品药品监督管理局的反对，但是另一方面却深受囊中羞涩的公民的欢迎。"

然而，发展中国家所暴露出的最大问题则与处方有关。生活在那里的许多人根本负担不起大型制药公司为许多药物所设定的价格，尤其是新研发的抗艾滋病药物等。同时，这些人也不可能选择参加出境购药游。受艾滋病影响最为严重的国家恰恰就是发展中国家，这使得情况遭到了进一步恶化，因为此类特别贫穷的国家的医疗保健体系相当落后。艾滋病在非洲许多地区肆虐。肯尼亚约有6%的人口呈现HIV阳性，因此他们有患上艾滋病的风险，尤其是在不加以治疗的情况下。南非则是目前世界上HIV阳性比例最高的国家，大约在10%左右（如果只考虑两国成人的人数，那么这个数字还要大）。整个撒哈拉以南的非洲地区有许多人因此濒临死亡，至少也因为无力承担包括艾滋病在内的一系列疾病的治疗而忍受着不必要的痛苦。这已经成了一个国际丑闻。即便目前还没有完全可靠的办法可以治愈艾滋病，但是医院可以通过抗逆转录病毒药物来控制病情，至少帮助患者延长几年的生命。由于这些药物超出了许多人的承受范围，这就被视作是一种社会不公——即便情况正在改善，而且 HIV 阳性的比例也已开始下降。实际上，能以更为低廉的方式降低艾滋病发病率的避孕措施（如避孕套的使用等）仍然超出了生活在这些贫穷经济体中大多数人的实际承受能力（当然，宗教和文化也是阻碍人们选择避孕的主要障碍）。

鉴于西方经济体目前的构建方式，投入在研究上的时间与资源必须获得回报（毕竟，公共机构无法得到必要的资金，这就意味着它其实不具备竞争力），但是回报的多少极为关键。每当艾滋病猛烈爆发时，大型医药公司的政策就会成为公众热议的话题。然而，即便将短期解决方案拼凑在一起（也许是联合国出手干预，或是慈善机构为受病魔困扰的国家筹集资金购买必备药品），也没有任何手段可以阻止公司在自由市场上任意定价。"只要市场能够接受"是他们的经营原则，整个私营机构基本上就是这样做的。这种价格的背后是贪婪，因为毫无疑问，在成功开发新药或改良药物后的多年内，国际制药巨头都能获得巨额利润。这意味着股东对公司的政策完全满意。但是对于处于这个小圈子之外的人，尤其是那些无力承担日益见涨的药价的发展中国家的穷人而言，却并非如此。由于我们所谈论的问题在许多情况下全都生死攸关——艾滋病的问题就是如此——现在的情况完全不能令人满意，而且它也确实引发了有关自由市场体系伦理的尖锐问题。我们很难将健康视为一种待售商品。例如，当我们进入医院接受重要手术的时候,很少会有人觉得自己是消费者。

私营机构显然在英国等国的执业医生群体中引发了利益冲突,因为该行业中的大部分医生都会接受NHS的培训并在那里工作。实际上,英国纳税人正通过为私营机构提供高级人才这样的方式对其提供了资金支持。由于私营体系并不提供这类培训项目,它就因此成了公共体系的寄生虫。私营机构的诱惑力就在于:一方面,那些依然留在NHS同时又在这里兼职的医生可以赚取额外收入;另一方面,成为私营机构全职员工可以获得更高的固定薪金。然而,私立医院的员工基本上都是兼职的NHS顾问医生。私立医院的一个卖点就是,他们往往可以提供比公共机构更快捷的服务。如果你需要在NHS接受择期手术,但是你又因为前面还有长长的一串等候者名单而感到不满(某些科室会面临更大的压力,某些医院也是如此),那么你随时都能去私营机构看病,而且还能要求已经在公共机构为你诊治过的顾问医生为你服务。也许那位医生并未在私营机构中工作(在这个问题上坚守原则的医生实在令人钦佩),但是如果他们也在私营机构中兼职,那么他们就可能引导你通过适当的渠道做出你所需的安排。通过这种方式,私营机构以及在那里工作的顾问医生都能利用等待者名单为自己谋利。

尽管英国境内也存在私人诊所,但他们大多集中在伦敦。尤其是哈莱街,在公众的印象里,这条街与私人诊所间存在着不可磨灭的联系。伦敦有一群尤为富裕的客户群,他们已经做好了充分的准备,为了享受优惠待遇,愿意按照行情支付相应的费用。这就意味伦敦的私人诊所获利颇丰,因此,行医者比那些仅仅领取NHS薪水的医生收入更高。有一点也许至关重要,在一个像我们这样的完全基于自由放任原则的社会中,商业主义会尽可能地将所有领域变成它的殖民地。

整容手术已经成为美国一项巨大的产业，而且日益在英国与欧洲受到欢迎。它当然能够吸引到一个希望想入非非的富有客户群。在某些情况下，整容手术是真正的健康问题，涉及病人的身体健康（如为缓解背痛而进行的乳房缩小术），因此公共卫生体系完全有理由将其纳入体系。然而，在大多数情况下，整容更与个人的虚荣心息息相关，它产生于顾客想要变得更美丽的理想化概念。这些手术包括脸部拉皮术、隆胸术（或是纯粹为了改善外形而进行的乳房缩小术）以及使用肉毒杆菌素的各种疗法。医疗行业为个人虚荣心服务的行为是否合理这个问题必定值得怀疑。然而，在一个像我们这样显然极为看重外貌的社会中（甚至可以说，到了过分重视的地步），只要市场一出现，供应商很快就会抓住获利的机会。

并非所有整容手术都是由具备医学资质的人员操刀的，尽管它仍然处于医保行业的边缘地带。在私营机构中，非医疗人员也可以替别人注射肉毒杆菌；但是在NHS，只有在需要注射肉毒杆菌来减轻疼痛或是缓解一些慢性病的病症，如中风引起的肌肉痉挛或僵直状态时才会使用这种疗法。然而，在大多数情况下，注射肉毒杆菌的行为完全出于个人虚荣，而且确实伴随着一定的风险。它们所产生的效果可能与医生的承诺以及客户的期望大相径庭，甚至有可能会使一个人变丑。其他人一眼便能发现这种结果，这让接受肉毒杆菌注射的人十分懊恼，会在不同时期受到由此引发的不利影响。之所以会提供这种服务并且承担一些昂贵的风险，唯一原因就是为了利用人类的虚荣心挣钱。

最近，私营机构在生育与人工授精等领域也开始变得非常活跃。私人诊所可以提供一系列的服务，例如当女性决定推迟怀孕时间时——也许是为了继续追求自己的职业目标，或是还未寻觅到愿意与其孕育下一代的配偶——可以选择冷冻卵子留待将来使用。癌症等健康问题也会延迟或阻止怀孕,因为化疗会破坏人类的生育能力。然而,私人生殖诊所价格昂贵,而且更可疑的是,一些诊所号称的人工授精成功率遭到了英国人类受孕与胚胎学管理局(HFEA)的驳斥。然而,这些诊所会因为推行人工授精而迅速积累可观的利润,因此,贪欲胜过了他们可能具备的任何道德良知。也许他们的道德标准还有待提升?目前,在伦敦提取卵子的成本是每个周期几千英镑,而且可能需要几个周期才能成功怀孕(这一点并不能得到保证),这还不算保存卵子以及手术前后其他检查的额外费用。显然,只能有一部分人能够接受这种治疗,就像整容手术那样。

人工授精疗法的先驱之一罗伯特·温斯顿勋爵(Lord Robert Winston)一直对这整套体系非常不满。他担心女性可能会因此遭到剥削并在许多情况下抱有不切实际的希望。他指出这其中可能存在伦理问题。一方面,人工授精的成功率会随着年龄的增长急剧下降,45岁左右女性的成功率低至3.4%左右。温斯顿对继续为该年龄段女性进行人工授精的做法持怀疑态度。然而,生育诊所的首要考虑因素是开拓市场,正如一份报告指出的那样:"英国的生殖业正在蓬勃发展。"只要存在需求,私营诊所就将继续提供这项服务。资本主义向来能够很快发现哪里有钱可赚。

趁机而入的医疗保险与顺势疗法
——它们果真解决了看病问题?

事实上,美国的医疗保险行业非常有利可图而且利润率往往很高。由于保费极其昂贵,因此相当一部分美国人(估计即便在最近实施了医改之后,也有10%左右的美国人)无法承担相关保费,而且完全没有任何保险。实际上,每个人都会在生命中的某个时刻染上疾病或是健康状况不佳,这种做法显然风险极大,无疑也是引发家庭焦虑的主要原因。单凭运气无法保护你自己。在很多情况下,健康就像是一张彩票,不论生活方式有多健康,谁也无法确定自己将会遭遇什么。人们就美国的这种事态展开了激烈的争论,毕竟它是世界上为最富有的国家之一,当然也是领先的经济体,而奥巴马医改(可以预见的是,私营保险业会公然、坚决地反对到底)是一次纠正眼前不平衡状态的尝试。然而,对于多数人来说,医保费用仍然是他们财务中的一笔巨额开支。

医疗保险也不像人们想象中的那么美好。大多数保险公司都要求被保险人至少应承担部分治疗费用,而且通常会在自己将承担的特定病症的护理费用上设定上限。保险公司往往会抬高老年人的保费,因为这个群体最有可能健康状况不佳,因此需要大量且昂贵的治疗——这里完全没有体现出社会关爱。保险公司一直在想办法抵消昂贵的护理成本,因此通过基因检测来预测未来健康状况的方法引起了他们的兴趣。目前,该领域获得了大量研究经费,其研究结果也被媒体广泛传播。它甚至为个人基因检测试剂盒(如美国公司23andMe生产的试剂盒)开创了一个市场,尽管就像美国食品药品监督管理局所指出的那样,根据测试数据进行预测的做法依然极具争议。社会评论员也对此表达了关注,认为基因检测可能导致许多健康保险申请人被相关公司拒保,因为他们看起来无法为公司带来利润:这种情况被称作"遗传歧视(genetic discrimination)"。只要你有家族病史,甚至无须进行基因检测,你成功购买健康保险的机会就会降低,至少你需要缴纳的保费会增加——有时甚至会高到你无法承受的地步。医疗卫生界的公司与其他行业的公司一样,始终热衷于降低它们可能会面临的风险,而且他们不会承担那些看起来不合理的风险。

多数公司在核赔问题上也会采取极为强硬的态度,我们根本无法保证他们一定会理赔。保险公司急切地想要找到投保人的漏洞以便逃脱责任,甚至为此专门聘请了一批员工。这类员工受到公司的高度重视,拥有足够的动机去寻找拒赔的理由,因为这可能关系着他们的奖金。毫无疑问,确实存在一些虚假或毫无意义的索赔(贪欲会对双方均产生影响),但是保险公司所采取的基本原则并不是完全以病人为导向的。在外人眼里,这简直就像是一种利欲熏心的行为,似乎整个体系的重点就在于尽可能多地从客户群中榨取金钱,同时又尽可能少地提供回报。利润被摆到了身体健康之上,这似乎完全违背了医学的人性精神。这不是绝大多数医生对待工作的方式,我们不打算在此讨论他们的专业精神,但是患者在递交账单之后,恰恰需要在这样的文化中接受索赔审查。必须有人掏钱买单,而保险公司会竭尽所能将责任推回给投保人。

这在很大程度上相当于要求"买家自负",但是多数人别无选择,只能选择应允,以期至少能够收回部分成本——同时也希望自己永远都不会染上会真正严重的疾病,否则他们就有可能倾家荡产(美国的住院费用非常高昂)。在处理健康等人类生存的基本问题时,这种情况十分不幸,至少会在许多美国公民中造成不必要的压力与担忧。贪欲社会需求产生了正面冲突,这正是自由市场允许它的权力。新自由主义者认为,不论是医疗保健领域还是其他行业,市场原则是保证个性化护理并且提高效率的最佳方式。但是如果你没有足够的支付能力,这些就都是毫无意义的空洞概念。如果被迫将自己视为是一种可以任由他人开采的利润资源,那么人们必然会失去自我感。

还有一种非官方的医疗保健行业也在掠夺公众利益，向公众兜售往往只有些许效果的药品与疗法。他们曾一度被轻蔑地称作是"假药（quack medicine）"（由推销狗皮膏药等产品的人进行兜售）。然而现在，它却躲在了"替代医学（alternative medicine）"，有时也叫"补充医学（complementary medicine）"这类更值得人尊敬的名头之下，并且成了一个蓬勃发展的产业。该行业中的许多人与他们的客户一样，都相当诚挚地相信它的疗效。一些替代医学似乎确实有效，或者至少能够在相当大的程度上缓解症状。然而，从根本上来说，它仍然是一个从容易受骗的公众身上获利的办法（不过，我们还应该在这种情况下指出，由于安慰剂在许多临床试验中均表现出了缓解症状的效果，因此这个结果本身并不能作为其疗效的证明）。没有多少失败的科学试验可以显著抑制人们对这些药物的需求，而且令人遗憾的是，需要此类药品的人往往是常规医学无法治愈的病患。替代医学至少存在着出现奇迹疗法的可能性，这就足以吸引客户了——尤其是身陷绝望之中的客户。

一种愤世嫉俗的观点认为，替代医学只不过是以欺骗的方式从人们身上赚钱。当然，从业者必定会大声否认，觉得自己是对医疗现状及其根深蒂固的守护者发起挑战。他们往往认为，医疗行业太过于墨守成规，既无法开放地接受替代医学正在追求的这类新思路，也不愿重新启用替代医学正在提供的传统古方。现在，只要一提到某些早已失传的古代智慧，就必定能够对人们产生吸引力。虽然我们已经证明某些民间偏方确实具有某些作用，但是这并不代表所有的偏方都是这样。当然，你也可以选择碰碰运气，因为现在，你随时都能在替代药物供应商那里买到其中的任意一种。

顺势疗法是替代医学中发展尤其良好的一个分支，而且它可以毫不犹豫地宣称自己拥有科学依据，尽管这些依据常常被科学期刊所诟病。在英国皇室的资助之下——威尔士王子就是一位热心的倡导者——顺势疗法的知名度在英国获得了相当大的提升。顺势疗法至少因此获得了一定程度的政府保护，而它也很快开始利用这种保护为自己谋取利益。一个后果就是，尽管医学界普遍对其抱有怀疑的态度，但是NHS系统内部还是出现了顺势疗法医院，不过这些医院现在大多已经关门大吉。英国卫生部目前正在进行的一项检查有可能会导致全科医生被禁止开出顺势疗法的药方，理由是它们缺乏有效的疗效证明，因而会浪费纳税人的金钱。顺势疗法的原理确实极大地挑战了科学可信度的边界。例如，"相似原理（similarity principle）"认为，如果大剂量服用某种物质会引发疾病，那么服用微量的该物质就能够治愈这种疾病。尽管我们可以说，这效仿了人们在18世纪时通过接种疫苗来预防天花的做法。当时，为了在人类免疫系统内建立起对天花的免疫力，微量的天花病毒被注射入了人体内。但是在顺势疗法中，这个"量"却被延长到了一个非常荒谬的程度。原始剂量在操作过程中被不断稀释，直到——用科学家的话来说——不留下任何它的分子。科学家因此认为，顺势疗法十分浪费时间——就更别提金钱了。

医学界往往倾向于认为，除非拿出经过科学验证的证据来证明，替代医学的操作或疗法具有疗效，并且始终能够得到随机对比试验等已被认可的检测方法的支持，那么它就值得被纳入官方医疗体系之中——此时，它将不再只是一种"替代"。这种情况偶有发生，针灸术就是一例。西方社会曾带着莫大的怀疑观察针灸术，但是现在它已经被应用到了一些医疗服务之中，因为有科学证据表明，针灸可以刺激皮下神经，使其释放出内啡肽，从而减轻疼痛。然而，检测结果一致表明，顺势疗法药品的成功率与安慰剂相同，并且英国国家卫生保健优化研究所（NICE）在定期更新的医学专业指导方针中一再声明这一点。因此，英国政府以及其他许多国家都已劝告公众不要采用顺势疗法。世界卫生组织也出面反对顺势疗法，但是至少在英国，尽管官方并不赞成顺势疗法，而且它完全拿不出任何像样的科学证据来支撑自己的观点，但是仅凭皇室的庇护，它就足以在NHS中站稳脚跟。然而，一旦未来的皇室成员并不热衷于顺势疗法，那么它可能很快就会从官方体系中消失（如果卫生部当时仍未成功将它剔除出去的话）。目前，顺势疗法显然没有在英国医务人员中间获得足够的支持。然而，顺势疗法在法国的医院系统中使用更加广泛，因此它在其他地方并不缺专业人士的支持。

市面上存在一系列号称具有改善整体健康状况功效的食品等产品，它们往往借助经过精心设计的伪科学语言来蒙骗那些毫无警惕性的人。几乎所有人都有可能上当，哪怕只是暂时性的受骗，但是现在救星就在眼前。《新科学家》（New Scientist）杂志会定期在"意见反馈"栏目中揭露这些产品的真相，并且鼓励读者提供他们可能会遇到的新的事例——事实上，这种例子他们经常遇到。杂志杜撰了一个充满嘲讽的术语"疯言疯语（fruitloopery）"来描述这些主张的呈现方式及其利用科学误导人们相信它们所承诺的最不可能实现的结果这种做法。由于替代医学行业中并不缺少这些主张，因此这类产品必定存在市场，而市场最憎恶的就是真空状态。

这些产品会提出一些有违基本化学定律的主张，并且承诺能够产生一些令人难以置信——在《新科学家》看来，更像是不可能实现——的生理效应。《新科学家》请我们一起来思考下面所列的"本源能量药物"的广告：

这是一张"非常特别"的卡片。按照卡片上的说明，人们需要将它贴在一瓶装满水的透明瓶子外面。随后，瓶中盛着的水将读取卡上的数字，并且按照指示进行结构重组，从而具备特殊的治疗效果。

《新科学家》打趣道，这款产品"正适合替代医学的持卡会员"（也许可以当作圣诞礼物或生日礼物送给其中的某位会员）。更为重要的是，这家公司甚至还提供专为各种动物（如你养的猫或狗）定制的卡片，这无疑将扩大他们的潜在市场。在同一期杂志的另一篇报道中，一位读者发现了利用磁铁实现"促进血液循环等"功效的各类护背产品。其中一款产品中的磁石则"试图重新调节那些会导致背部疼痛的混乱的磁脉冲"。疯言疯语再次来袭！不过，一定有人在购买这些产品，否则厂家就不会继续生产它们。

《新科学家》认为，只要产品标签或广告中出现了"量子"一词，就应该引起普通读者的警惕，因为伪科学极有可能马上就要登场了。如果你不是科学家的话，那就试试在争取索赔的时候，明确使用量子学进行解释。说得委婉些，量子物理学是现代科学中一个神秘的领域，即便是大多数科学家也无法理解。物理学家理查德·费曼（Richard Feynman）曾经挑衅地宣称："我敢肯定，没有人理解量子力学。"这意味着它太过神秘，科学家也好，普通人也罢，没有任何人能够完全理解量子物理学，因为它与基本逻辑以及物理学中"标准模型"背后的一般原理相矛盾。薛定谔的猫同时处于存活与死亡这两种状态，这只是量子物理学要求我们接受的许多违反直觉的推论之一。对于普通大众来说，这种神秘的气氛为量子物理学带来了一种近乎魔力的力量，因此任何声称利用了量子物理学效应的主张往往都会被认作是正在发生某种深层过程的信号,不论它是否有违人类直觉。很少有人能足够了解量子物理学,因而无法对这些主张提出质疑。但是《新科学家》的记者与读者们确实对其拥有足够的了解(即便如同费曼所说的那样,这根本算不上是完全理解了量子世界),他们极其乐意对那些试图误导消费者的产品制造商嗤之以鼻["量子论(Quantum)"甚至成了市场调研的术语。咨询公司Qual360就表示,它可以"通过量子物理学"为客户提供"理解复杂消费行为的前沿数据"]。

由于很少有人拥有与科学相关的学位,因此这类主张其实是在利用一般消费者的无知——即使似乎不会有人相信标签可以通过辐射向水分子内注入治愈力这种不靠谱的说法,这听起来更像是炼金术而不是科学。要是这段描述出现在科幻小说中,我们或许还能暂时抛开怀疑去接受它。可在现实的医学界,这些主张确实给人留下了很糟糕的印象,因为它们不加修饰地表明了制造商的动机。哪怕公司的管理层中有一个人确实学过科学(哪怕只学了一点儿),那么他们就应该知道,产品所宣称的疗效根本无法实现。它们顶多只能算是幻想。这又一次让我们想起了"以欺骗的方式从人们身上赚钱"的这种说法。而且看起来一些不择手段的人,似乎正在从容易受骗的公众身上榨取利益。

第七章

贪婪与政治学：
当贪婪上升到国家层面

国家完全有可能如同个人那般自私与贪婪。只要翻开殖民主义的历史，便能找到相关证据。殖民地化是人类历史中不争的事实。纵观历史，为了能够攫取更多的农业与矿产资源，人类一直在领土与领土之间不断流动。仅在前近代的欧洲就存在大量案例。在人类形成并开始遵守现代意义上的国家边界或国家主权等概念之前，欧洲人就时常从一个地区向另一个地区迁移。即便那时，也依然有例可循，如诺曼人于1066年入侵英格兰（诺曼人在这一方面显得尤为活跃。从法国与英国一直南下到了地中海的西西里岛，他们从最初位于斯堪的纳维亚的老巢奔赴分散在欧洲各处的殖民地）。在现代，这种活动以殖民主义的形式成了一种惯例。

殖民掠夺
——国家形式的贪婪

在19世纪与20世纪初，为了满足国内迅速工业化的社会及民族野心的需要，欧洲强国之间为争夺对整个欠发达世界的物质资源的控制权而展开了激烈的竞争。这些国家的政治动机几乎如出一辙，都是为了改善本国的贸易地位，进而增加国家财富。进入20世纪后，这种努力便取得了明显的成功。即便只是过去残留的一抹影子，一些殖民地至今也依旧存在。"占有性个人主义"同样适用于民族国家。国家也可以像个人那样，一心一意地追求自身利益，甚至为了实现自己的目的而不惜发动战争。殖民主义会滋生暴力，而国家的对手与臣民都是暴力的受害者。

新自由主义与全球化在当今世界的兴起带来了新殖民主义。西方国家利用发展中国家的廉价劳动力生产在西方市场上销售的日用消费品，从而在这些国家享有了相当大的影响力。其结果就是，企业，尤其是跨国公司赚取了前所未有的财富，因为生产外包政策大幅削减了企业的经营成本。但这也解释了为何底特律这类曾经一度兴盛的制造业中心会陷入经济困境。自20世纪下半叶起，由于大部分汽车制造企业接连亏损，底特律失去了存在的理由，人口也因此不断减少。在过去的几十年中，所有西方国家都出现过这种经济极速下滑的案例。

新自由主义与全球化均鼓励人类将贪欲膨胀到危险的程度，许多评论家都担心这会在西方社会与发展中国家中引发社会失调。正如盖伊·斯坦丁所推论的那样，现在的西方社会中存在着"不稳定工薪"阶层。他们承受着兼职（通常是季节性）就业的困苦，不再享有前几代西方工人理所当然享受的附加福利，如假日薪水、养老金计划和病假工资等。他们身上伴随着一种不安全感以及对于能否赚到基本生活费的担忧。

评论家们预言，不稳定工薪阶层很可能代表着未来的工作模式，全职的铁饭碗将很快成为过去。社会经济地位较低者的财富正在逐步下降，而地位较高者的财富却在大幅增加。这些现象之间紧密相连：最为贪婪的人目前处于优势地位，而不稳定工薪阶层却不得不拼命抢夺他们可以找到的任何东西。这是新自由主义留给世界的巨大困境。目前，各国政府似乎普遍缺少相应的解决方案（至少是缺乏有效的解决方案）。尽管保罗·梅森将著作定名为《金融大崩溃：贪婪时代的终结》，但是未来的历史学家很可能会在回顾这段时期时将其称作"贪婪时代"。

近代殖民主义的基础是对于土地和资源的贪欲，为了廉价得到这些重要资源，欧洲殖民列强残酷地剥夺着其他国家的利益。他们往往通过使用蛮力并且制造大量伤亡的方式拒绝承认生活在被占领土上的土著居民应该享有的权利。欧洲的主要国家简单粗暴地将地球上的大片土地据为己有并将其变成了殖民帝国的边远村落。例如，他们全然不顾非洲当地居民的感受，在19世纪时一点点地彻底瓜分了非洲大陆。马歇尔指出：

> 欧洲人回到伦敦、巴黎、布鲁塞尔和里斯本这些伟大的首都之后就拿出绘有非洲地理轮廓的地图，开始在上面画线——或是采取更为激进的做法，直接画出位置。他们在这些线条之间写上中刚果或上沃尔特等词语并称他们为国家……在某种程度上来说，现在，许多非洲人已经成了欧洲人所制定的政治地理学上的囚犯。

人类对于土地的贪欲似乎永无止境。只要想想英国曾设法在19世纪末拼出的帝国版图便能发现人类在这一方面是多么的贪得无厌（该帝国至今仍以英联邦这种幽灵般的形式存在）。大英帝国确实疆域辽阔，它覆盖全球并源源不断地将财富注入英国本土，使财富进一步膨胀，并为那些处于社会经济金字塔顶端的人的贪欲提供助力。这也许并不是殖民扩张背后唯一的理由——还有复杂的地缘政治动机在起作用——但它作为贪婪的渠道，正是以这种方式在实践中发挥了作用。欧洲其他的主要国家也采用了类似的体制，法国、德国、比利时和荷兰都从殖民地的产出中大为受益，西班牙与葡萄牙（他们加入这场殖民游戏的时间甚至还要早）亦是如此。然而，英国显然是拥有海外殖民地数量最多的帝国，这些殖民地带来的财富是英国跻身世界主要政治大国之一的关键因素。

主要殖民帝国之间的相互竞争是造成紧张局势的根源，同时也在很大程度上成了引发第一次世界大战的导火索。由于德国在1871年才获得统一，他进入殖民化进程的时间较晚，因此也就尤其急切地想要建立海外帝国。德国十分清楚殖民地的价值，也观察到了殖民主义为其竞争对手法国与英国等国所带来的财富。他们希望能够在这其中分得一羹汤，在国际舞台上与这些国家展开更为有效的竞争：贪欲与地缘政治野心结成了强有力的组合。与当时的其他国家一样，德国将目光对准了非洲。19世纪末，那里是全球最后一片可供殖民化的重要区域。由于欧洲各国都力图以牺牲对方为代价来扩大自己帝国的版图，冲突与"事件"频发。例如，1911年就在摩洛哥的阿加迪尔发生了一起著名的危机事件。当时，由于法国试图进一步控制北非国家，德国向摩洛哥港口派遣了一艘炮舰。德国提出，若想他不再染指该地区，就必须满足他所提出的一系列要求，其中就包括法国将其在刚果的领土割让给德国。英国很快便介入了此事，即将走马上任的首相劳埃德·乔治（Lloyd George）在1911年的市长官邸演讲中强烈警告德国不要提出这类要求，并且表明他将这些要求视为是对国家主权概念的威胁：

如果为了维护和平，英国也不得不拱手让出自己经过几个世纪的英勇行为与成就才赢得的有利地位，不得不在将对自己的利益产生重要影响的地区被人无视,就好像他在由各国组成的内阁中无足轻重一般,那么,我将断然表示,以这种代价换取的和平是一种耻辱,像我们这样伟大的国家绝对无法容忍。

劳埃德·乔治的话语中透露出不少信息。在这里,殖民地已经沦为大国的"利益"。他们没有身份,反倒被视作是大国因其历史上的"英勇行为与成就"而获得的奖赏。实际上,"在由各国组成的内阁中无足轻重"的国家是这些殖民地。此外,"利益"(如摩洛哥和刚果)必须接受现实,即在设法摆脱殖民奴役的枷锁之前,他们的主要作用就是不断为殖民者增添财富。

欧洲在非洲与亚洲的殖民化史根本不值得称颂。为了镇压殖民地的民众,迫使他们逆来顺受,欧洲国家采取了一些可怕的暴力手段,并且实施了许多令人愤怒的暴行。他们打着保障物资源源不断地运回国内的旗号,殖民国家的统治阶级,尤其是投资者因此积累了惊人的财富。殖民国家的大部分国民财富都来自于殖民地,而自殖民时代末期发展起来的国际援助制度却几乎没有为那段历史提供足够的补偿。皮克蒂指出:"在非洲,外流的资本远超流入的国际援助金。"约瑟夫·康拉德(Joseph Conrad)在1902年出版的小说《黑暗之心》(*Heart of Darkness*)中猛烈抨击了殖民者在比属刚果等非洲地区所施行的殖民体系。小说的叙述者查尔斯·马洛(Charles Marlow)是该地区一家殖民贸易公司的雇员。他直言不讳地指出:"征服世界往往意味着将其从拥有不同肤色或扁平鼻子的人们手中抢夺过来。只要深入探查,你就会发现这根本不是什么浪漫的事。"马洛的职业使得他拥有足够的机会深入探查此事,尽管他仍在为殖民政策辩护,但是这番话似乎连他自己都无法完全信服：

聊以自慰的仅仅是一种观念，一种隐藏在征服背后的观念。不是伤感的伪装，而是一种真正的观念；以及对于这种观念的无私信念——可以让你顶礼膜拜、供奉献祭的信念……

然而，"供奉献祭"的人往往是殖民地的民众，而马洛的言辞也逐渐褪去了辩驳的色彩，这意味着他已经意识到了这种令人不快的事实，尽管他未曾将其宣之于口。

马洛口中的这个观念就是所有殖民大国用以为自己的扩张主义政策正名的观点：通过引入西方的价值观与科技以及应该伴随现代化而来的所有社会政治福利，他们为所占领的地区带去了"文明"与"进步"。然而，一旦知晓了比属刚果的历史，人们就根本无法相信这种观念。殖民政权在前比利时的这片殖民地上大肆掠夺原材料的行为已经成为有据可循的欧洲殖民史上最为残酷的一例（这项不光彩的殊荣也不乏竞争者）。1885年至1908年间，这里是比利时国王利奥波德二世（King Leopold II）的个人封地——尽管他从未踏足刚果，这块殖民地却为他带来了巨额财富——据估计，多达1000万非洲当地居民在此期间丧命。亚当·霍赫希尔德（Adam Hochschild）在针对刚果历史及其对欧关系的研究中总结到，"死亡人数已经够得上大屠杀的级别了。"公路与铁路的建设普遍采用强制劳役，只要殖民地人民提供的象牙或橡胶等贵重物品的数量未能达到比利时政府所设定的限额，就会遭受剁手剁脚等酷刑。尽管没有哪个殖民国家敢说自己在对待殖民地，尤其是非洲时完全问心无愧，但是就连这些国家也宣称，所谓的"刚果自由邦（Congo Free State）"的状况令他们无比震惊。在这种情况下，"自由"二字绝对是一种莫大的讽刺。随后，利奥波德所推行的政策招致了国际社会的强烈谴责——他的"橡胶恐怖（rubber terror）"统治已经逐渐为人所知。

从 1908 年到 1960 年，整个刚果地区都处于比利时的殖民统治之下，财富从刚果的橡胶种植园、金矿与钻石矿源源不断地流入欧洲。尽管从事此类贸易的人获利颇丰，但是当地居民却未能从中获得任何利润，而此后刚果也未能成功建立起一个可发展的社会。马歇尔提醒我们，在战争与暴力的折磨下，刚果至今依然属于世界上极度贫穷的地区："世界上曝光率最低的战区，尽管自 20 世纪 90 年代末起，该地区的战火便未曾停歇并已夺走了 600 万条生命。"一般来说，殖民大国遗留下来的都是一些负面问题。殖民时代结束后最可悲的一个方面就是许多国家随之出现了腐败与动乱，比利时完全没有为解决这一问题做出任何贡献。1961 年，刚果独立后的首任国家元首帕特里斯·卢蒙巴（Patrice Lumumba）遇害身亡。事后，比利时承认自己牵涉其中并为此道歉。除了极少数的例外之外，非洲的前殖民地国家都与刚果一样，努力建立稳定的政治体制，但是多数国家最终都落入了独裁统治之下。贪欲公然在这些国家的上层社会中获得了蓬勃发展。通过拙劣模仿殖民体系的政治制度，独裁者积聚了巨额的个人财富。他们对大众的剥削方式与欧洲殖民者并无二致。无疑，前殖民大国必须为此承担部分责任，因为他们未能在统治期间树立起良好的榜样，而是将主要的精力集中在了尽可能地从殖民地榨取财富上。多数殖民国家都没有在如何稳定制度方面留下多少经验。

无论如何，马洛提到的"观念"一直饱受争议，因为它的前提是殖民国拥有先进的文化发展。爱德华·萨义德（Edward Said）所著的《东方主义》（*Orientalism*，1978）就研究了这种态度对中东所产生的影响。他在这本极具有影响力的著作中指出："认为欧洲人的身份比所有非欧洲的民族和文化都要优越的想法（正是劳埃德·乔治在演讲中所传达的信息）大行其道，并且积习难改。"许多在殖民体系中工作的人确实真正以为，自己正在努力改善殖民地的文化与经济并且认真履行了自己的职责。他们会因为目睹了殖民主义的过分行径而感到痛苦，也会对当地民众不得不接受这一切的痛苦感受生出同情之心（霍赫希尔德指出，身处刚果的这群人甚至帮助外界了解在那里所发生的残暴行径）。爱德华·摩根·福斯特（E. M. Forster）就在小说《印度之行》（*A Passage to India*）中描写了几位这样的人物，其中就包括校长菲尔丁（Fielding）。由于允许印度人走进他的课堂，他便与其他殖民者产生了冲突："他与学生们相处融洽，但是他与同胞之间的隔阂……却令人痛苦地加深了……人们开始觉得，菲尔丁先生是一股破坏力量。"然而事实却是，殖民主义与利他性之间相去甚远。它的指导原则主要是为了自己的经济利益，侵吞殖民地资源，因此不难理解它所留下的反西方情绪。若是有更多的菲尔丁先生出现，殖民地人民也许就不会觉得殖民主义如此面目可憎了。在利奥波德国王的统治结束之后，刚果的局势确实有所好转，但是他所遗留下来的问题却始终存在。

在《黑暗之心》中，当马洛踏上刚果的土地，留意到殖民主义在那里的所作所为并且目睹殖民地官员残忍虐待当地居民之后，震惊二字远不足以概括他内心的感受。赤裸裸的残暴行径令他惊骇，而当他偶然撞见水电站附近的强制劳役的景象时，忍不住对"带着不幸的野蛮人所表现出的死一般的冷漠"展开了评论。即便比属刚果确实尤为臭名昭著，但是类似事件在整个殖民体系中均有发生。英国在占领印度期间就曾以雷霆手段镇压过几次起义,英国的国家声誉也因此被抹上了污点。印度人至今依然记得这些事件:例如,印度的教科书往往将1857年那场声名狼藉的"印度叛变(Indian Mutiny)"(无可否认的是,双方都犯下了暴行)称作是"第一次独立战争"。进入20世纪前,英法两国仍旧牢牢抓着殖民地不放,而许多(即便不是多数)殖民地也都采取了暴力革命的手段来赢得解放,逼迫殖民者撤离。这样的历史不容易为人所遗忘,而其背后的推动力显然就是贪欲。

20世纪50年代爆发的反抗法国殖民统治的阿尔及利亚民族解放战争艰苦卓绝,说明殖民大国极其不愿失去他们对于海外属地的控制权,即便在世界范围内,殖民时代已经逐渐走向尾声(例如,英国已经从印度撤离,并且正在有条不紊地逐步退出非洲)。法国已将阿尔及利亚变为主要的葡萄酒生产国。由于葡萄酒在法国经济中扮演着重要角色(在文化中亦是如此),借助此举,法国便将阿尔及利亚与法国经济捆绑在了一起。定居阿尔及利亚的法国人在该行业中做得风生水起。由于伊斯兰教严禁饮酒,这种做法显然招致了该国穆斯林的憎恨。罗兰·巴特(Roland Barthes)以极其尖锐的笔触呼吁人留意,法国在这个问题上缺乏敏感性:

事实上,葡萄酒神话可以帮助我们了解日常生活中常见的不确定性。因为葡萄酒的确是一种优质、健康的东西。无论是个体酿酒商还是殖民者,葡萄酒的生产也确实与法国的资本主义密不可分。阿尔及利亚的穆斯林被迫在自己被掠夺走的土地上种植葡萄这种他们完全不需要的作物,哪怕他们甚至连面包都吃不到。因此,一些貌似十分迷人的神话其实都充满着邪恶。葡萄酒并不是一种能够纯粹给人带来幸福感的东西，除非我们不公正地遗忘了它是侵占他人的土地后得来的产品这一事实，而这正是我们现在所说的陌生化的特性。

巴特的这段话写于阿尔及利亚民族解放战争取得胜利并将法国人逐出国境前，葡萄酒的生产成了这场革命首当其冲的受害者之一。阿尔及利亚人对作为法国占领象征的葡萄园恨之入骨，他们将葡萄园摧毁殆尽。战争爆发前，葡萄酒一直是阿尔及利亚的主要出口商品并逐渐建立起一个巨大的国际市场；尽管战后依然有人酿造葡萄酒，但是与法国统治下的鼎盛时期相比，该产业的规模已大幅缩水。信奉原教旨主义的伊斯兰政府上台之后，这一点完全可以预见。

英国对待各殖民地原住民的方式还存在许多不尽如人意的地方。这种态度最早可以追溯到17世纪的北美"新世界"。在当时，英国移民认为北美的印第安部落全都是不文明的野蛮人，因此根本无权占有他们所生活的土地。即便是在今天，印第安人的后裔也只拥有散落在美国和加拿大各处的保留地（那里往往都属于经济落后地区）。18世纪，英国在澳洲建立殖民地的时候，也对那里的原住民表现出了类似的态度。生活在上述两地的原住民数量并不多，而且随着一波又一波的移民浪潮，英国移民很快就在人数上超越了原住民，并且在无休止的扩张中占领了现今美国与澳大利亚本土的所有陆地。至关重要的一点是，移民们带来的一项技术赋予了他们控制当地居民的强大力量。在现代武器的面前，原住民毫无还手之力。然而，印度的情况截然不同。他的人口远超过英国（超出20倍左右），而且印度社会稳定、等级森严，与北美和澳大利亚那些主要以狩猎采集为生的游牧社会截然不同。印度只是一块殖民地，而非定居地。欧洲人只想掠夺那里的资源。

促进殖民地发展？
——谁在为殖民主义正名

尽管人们现在普遍对殖民主义持批判态度，仍然有一些人发声支持大殖民帝国。历史学家尼尔·弗格森（Niall Ferguson）就是其中之一。他为英国的殖民主义提出了鼓舞人心的辩护理由。他认为，尽管殖民主义存在很多缺陷，但是我们仍然可以认为它带来的影响利大于弊：

> 无论是好是坏——任何情况下，我们今天所知的世界在很大程度上都是大英帝国时代的产物。问题不在于英国的帝国主义是否完美无缺。它确实存在缺陷。问题在于，是否存在一条不那么血腥的道路可以通向现代化。也许理论上能够找到。可事实上呢？

从本质上来说，马洛其实就试图在《黑暗之心》中寻找这个问题的答案。然而，在"美好"是否胜过了"丑陋"这一问题上，他似乎远不如弗格森那样信心满满。尽管弗格森坚定地捍卫着"使命"这一概念，但是他也没有对此丝毫不加批判。他承认英国在此过程中犯下了许多令人遗憾的错误。然而，这最终会演变成一个意识形态的问题，无论你是否赞同，现代性可以成为我们在违背他人意愿的情况下，指派其参与殖民活动的理由；

毕竟，为了马洛口中的"牺牲"而被迫踏上"血腥道路"的人是他们。不是所有人都会像弗格森那样，在这个问题上给出肯定的答案，这就带来了一些非常尴尬的道德问题。我们也许注意到，新自由主义正在利用极其相似的观点为全球化及随后出现的新殖民主义的普及正名：事实上，我们就是为了你好。无论你是否被殖民化或新殖民化，无论你是否情愿，这套体系都会加诸在你身上；贪欲绝对会确保这一点。毫无疑问，殖民主义和新殖民主义都是利润极高的活动——对于这种关系中更为强大的一方而言确是如此，甚至连弗格森也承认这一点。

弗格森提到的一个令人遗憾的错误就是，英国参与了跨大西洋奴隶贸易，最终造成数百万非洲人被奴役并运往北美和加勒比。最终，英国率先于19世纪废除了奴隶贸易，这项功劳确实可以记在英国头上。但是在此之前，种植园主与奴隶贩子聚集的利物浦和布里斯托尔等港口早已因此赚得盆满钵满。在这方面，弗格森提到的一个故事尤其发人深思。故事的主人公是18世纪一位名叫约翰·牛顿（John Newton）的牧师。他曾在自己职业生涯的早期，前往西印度群岛当过奴隶贩子（尽管他当时就已经是虔诚的信徒）。弗格森意识到，需要对此进行一番解释：

今天，我们自然会对奴隶制感到反感。我们难以理解的是，为什么像牛顿这样的人不排斥它。但是，作为一个经济命题，奴隶制的存在却极其合乎情理。种植甘蔗利润巨大。葡萄牙人已经在马德拉和圣多美证明了，只有非洲奴隶才能承担这项工作。加勒比的种植园主愿意支付大约八九倍于西非海岸的费用购买奴隶。

在这场与道德之间的冲突中，经济学轻松胜出。正如你所希望的那样，它是揭露人类贪婪本性的一则例子。我承认，用我们的方式去判断之前的时代是否道德也许犯了时代错误，但是这样的故事在今天仍然与我们相关。只要利润率足够大，那么，即便那些表面上看起来十分正直的个人也容易受到其自身经济概念的影响。事实证明，这种影响力很可能"势不可挡"。奴隶制可能早已被西方世界废除，但是社会良知却并非次次都能抵挡住逃税的诱惑，或是抵制企业通过各种用以减少支出的可疑做法——例如利用临时工合同与生产外包来增加股东分红的做法。如果要在可观的利润与社会良知之间做出抉择，选择丰厚自己的腰包或是为公众利益服务，经济概念往往令人沮丧地占据优势。在这一点上，当代人的表现与我们在18世纪的祖先一样糟糕。

长期以来，马克思主义者一直认为，殖民主义主要是一个经济事件。欧洲各大强国尽可能地在不发达国家大肆攫取利益。列宁尤其在这个问题上采取了极其强硬的路线，谴责它是资本帝国主义最糟糕的一个例子。他认为，这也是导致第一次世界大战爆发的关键因素：

> 对交战双方来说，1914~1918年的战争都是帝国主义战争（即具有侵略性与掠夺性的强盗战争）；是为了实现分割世界，瓜分与重新瓜分殖民地及金融资本"势力范围（spheres of influence）"等目的而发动战争。

尽管这种信念存在一定道理，即殖民主义受到经济利益的驱动（约翰·牛顿的故事确实能在一定程度上证明其正确性），但是西方历史学家现在却认为，这种现象的复杂程度远不止于此。从本质上来说，它同时具有政治性与经济性,而在这两个类别中又有许多复杂的因素在起作用。从政治层面上来说,殖民扩张大多与贸易相关,主要为国内产品开辟新市场,因为自19世纪以来,西方市场日益为关税所扰——致力于自由贸易的英国除外。于是,它在政治维度的基础上又增添了一个经济维度(就像奴隶贸易那样),尽管两者之间的关联性绝对不如马克思主义者所说的那样直接。政治层面还有可能包括对于国家安全问题的担忧。例如,相信殖民帝国会赋予殖民国家一定的声望。如果没有将建立殖民地列为需要优先完成的任务,就有可能在各国力量的角逐中面临被对手超越的风险(德国就相信这一点)。D. K. 菲尔德豪斯(D. K. Fieldhouse)指出,我们可以将殖民主义解释为某些政客的一种愿望。他们希望能够"占领海外殖民地,将其纳入外交谋略,作为战略基础与地位的象征,或是仅仅借此拒绝外国竞争对手踏入那些在国家安全问题上极其重要的地理区域。"各种影响逐渐在欧洲帝国主义的身上显现出来,而殖民主义从来就不是一种同质化的运动。

弗格森也认为,我们不应仅仅停留在经济学的解释上。他详细阐述了隐藏在大英帝国的发展背后的政治背景,其中大多源自对国家安全问题的担忧(正如英国所设想的那样)。殖民项目帮助法国、西班牙和荷兰等英国的竞争对手获取了大量财富并大幅增强了他们的国际实力。因此英国认为,如果不积极地以牙还牙,那么,它所拥有的通向许多市场的道路将被切断。如果发生这种情况,英国的贸易量将严重减少,经济也将受到影响。因此,扩张领土成为欧洲大国之间一场关于地缘政治的复杂博弈。值得称赞的是,弗格森并未回避英国在大英帝国建立的过程中经常对原住民施行的暴力与暴行(其他欧洲帝国亦是如此)。然而,整个论点的要点指向了"英国创造了现代世界"这一概念。尽管他所提供的案例貌似可信,但也确实让人想起了一些尖锐的问题。英国创造了怎样的世界？许多曾受英国殖民的国家是否会像弗格森那样，认为这样的世界具有吸引力？

我们可以感受得到，为何在弗格森指出，自英国于18世纪末在印度确立了统治地位之后，"专制政府仍然是首选的政治秩序"时，帝国的扩张会遭到这些殖民地的普遍抵制——这种反应在殖民领域极其常见（然而有趣的是，尽管如此，人们仍然可以找到愿意赞颂英国统治时期的印度教徒，他们认为伊斯兰莫卧儿帝国正是因此走向了衰落。在印度拜火教徒的记忆中，在英国统治时期的印度颇具影响力并且经济安全。对此，官僚阶层中的高级成员也有同感）。专制主义带来的经济不平等只会使情况进一步恶化，弗格森发现：

> 印度的普通民众并未在英国的统治下变得更加富裕。1757年至1947年间，英国人均国内生产总值实际增长了347%，而印度仅增长了14%。在印度经济产业化过程中所积累的利润里，有相当一部分流向了英国的管理机构、银行或股东手中。

不是只有马克思主义者才能发现这里公然出现的不平等现象，也不是只有他们才能将贪欲视作这种现象背后主要的激励因素。扩展疆域未必只是一种纯粹的经济现象，但是殖民国家显然可以从中攫取大量金钱，而且往往银行业精英与股东才是主要受益者。也不是只有马克思主义者才会想要知道，马洛所追求的"救赎（redemption）"能否如同弗格森提供的统计数据显示的那样得以实现。然而，弗格森得出结论：就大英帝国的殖民主义历史而言，值得肯定的地方超过了应受批判之处。不过必须强调的是，这是从殖民帝国的角度做出的判断。若是站在殖民地的立场，就会得出截然不同的结论。赛义德就坚称，应受批判之处往往会更多。因此，由于被迫遭受了殖民统治，过去几十年中涌现出各种为获取赔偿——而且往往数量可观——而展开的运动（弗格森就提到了这些运动）。这些运动大多并不成功，尽管英国等国确实在这方面做出了一些举动。首相托尼·布莱尔曾就奴隶贸易所造成的痛苦笼统地表达了歉意。

菲尔德豪斯关心的是如何综合考虑经济、政治与意识形态等因素，对帝国主义做出解释。他认为，

> 与经济帝国主义相关的基本问题可以通过下面的方式重新进行阐述：在1830年至2014年间，欧洲各国政府会在欧洲或周边地区出现何种情况的条件下，准备采取政治手段来解决经济问题？

无论是在帝国主义的发展中最具影响的是经济学、政治学还是意识形态，这项研究的关键就在于，贪欲总在该过程中的某处发挥着作用：要么贪金钱，要么贪资源，要么贪权力（按照菲尔德豪斯的观点，最大的可能是这些贪欲合三为一）。政治与经济往往紧密相连，菲尔德豪斯指出：

> 外交部认为，也许为获取贸易机会而战，实际上相当于合理使用公共资源，只要它符合整个国家而不是特定私人团体的利益，而且至少可以用滥用条约权利或是违反国际法为借口，提出一些外交理由。

不得不假设，这种政策及其清除贸易障碍的方式使"私人团体（private groups）"获益匪浅。菲尔德豪斯所举的通过"中国战争（China wars）"

在19世纪为英国贸易企业撬开中国国门的例子就反映出了这一点。由于有助于进一步推动英国的商业利益，这些团体获得了外交部的批准。菲尔德豪斯强调，大英帝国（或任何其他欧洲帝国）的崛起也许无法单凭经济学进行解释，但它永远都不会是其中一个微不足道的元素：约翰·牛顿绝不是一则孤立的案例。贪欲在殖民主义中发挥了作用并将继续推动新殖民主义的前进。

第八章

贪婪与体育行业：
对成功与声名的追逐

在国际体育界，贪欲是支配行政人员与参与者行动的重要因素。经济收益是前者的首要动机，而他们手握的体制上的权力也为他们提供了可以放纵此类欲望的广阔空间。对后者而言，经济收益固然起到了一定的推动作用，但他们真正的动机更有可能是对成功及体育荣耀的贪欲。这种内驱力近乎病态，甚至往往会到不惜损害运动员未来的健康而使用违禁药物的程度。事实证明，成名的诱惑势不可挡。体育运动在全球所有文化中都是一项重要的组成部分，是一项能够吸引大众关注的盛事，时常通过充满戏剧性的激情时刻为许多人带去快乐。然而，如果这一切都是通过弄虚作假得来的，如果我们无法仅从表面来理解的话，又会如何呢？从道德层面来说，其中的许多方面都危如累卵。

机构丑闻
——贿赂与腐败层出不穷

在国际足球主管部门针对国际足联所进行的调查中，浮现出一则备受瞩目的案例，足以体现体育运动中存在的体制性贪欲。调查发现，国际足联官员间存在一个贿赂与腐败的网络，其涉及范围之广令公众为之震惊。毕竟，在不久之前，国际奥委会刚在奥运会的举办权问题上爆出了类似的丑闻：为了赢得奥运会的举办权，参与竞争的城市向奥委会官员行贿。你也许会认为，其他国际体育机构会记住此次事件所引发的民愤，从而确保他们自己的体制中不存在此类腐败行为，但是世界杯的申办过程却开始变得尤其臭名昭著。它坚持东道国必须提供由它所指定的基础设施（就像奥运会那样），从而使新场馆与新运输系统的建设成为必要，以便应对来自全球的观众。许多国家沮丧地发现——尤其是发展中国家，对于他们而言，公共资金可以，而且无疑应该花在更有价值的社会项目上——赛事结束之后，这些设施很容易成为昂贵却不实用的东西。最近，巴西和南非在付出惨痛代价之后发现了这一点。在接连承办了2014年世界杯与2016年奥运会后，巴西的财政压力引发了公众抗议甚至是暴乱，因为许多人认为政府摆错了轻重缓急的位置。

尽管举办世界杯可能会为东道国带来问题，但是国际足联却并未提供任何资金支持，尽管它通过电视转播权与赞助协议将数10亿英镑的收入囊中。然而，与主办比赛相关的国际声望，产生了由投标人制造的贿赂文化。随着调查的深入，贿赂程度正在慢慢变得明显。国际足联的设立当然为提出这种无耻的要求提供了充足的机会。

在现有的国际足联等级制度中，似乎很少有人能够逃过被在媒体上满天飞的指控。许多国际足联的高级官员在自己国家的足球协会担任职务期间就已经遭到了贪污指控，或者甚至被定罪为挪用国际足联的财政补助金为自己所用，因此这个问题已经深入了全球的足球文化。国际足联要求在东道国免税，而且在其总部所在地瑞士也可以享受显著的税收减免。与此同时，它在世界各地的官员也能定期获得大额奖金，这使得它极其值得与该组织联系在一起，并且不理会周围发生的腐败。美国司法部长牵头对国际足联的金融交易进行了全面调查，已经有不少人因此被捕并遭到起诉。他说"世界杯诈骗"正在发生。这种情况可能会持续多久还很难说，但是可以预见，对过去事件的怀疑已经开始显现。它可以让已经对人性绝望的人见识到，个人道德如何在秘密交易中，在承诺的金钱中被轻易地击败。情况非常糟糕，已经有人呼吁取消现有的国际足联，取而代之的是一个全新的组织，用以监督世界足球的运行。例如，《纽约时报》的一则特写在2014年宣布"已经过了废除国际足联的时机了"。

个人丑闻
——兴奋剂与赌博屡禁不止

紧随这件事之后，则是对于体育界来说，有可能比逐渐明朗的国际足联的丑闻更大的危机：在2016年里约奥运会举行前夕被揭露出一系列事件，其中一些事件显然是政府参与的，包括在国际田径大赛中服用兴奋剂，以及对于国际田联（IAAF）高层官员的腐败指控。代表世界反兴奋剂机构（WADA）进行的调查，指责俄罗斯采取了这些做法。一些俄罗斯官员被指控定期要求并随后接受运动员的钱，以便压下其怀疑的血液检测结果。如果没有这种援助，在某些情况下，他们甚至会在测试之前销毁有关的血液样本（如世界反兴奋剂机构在报告中所述），那么运动员就有可能因为服用违禁药物来提高成绩而遭到禁赛的处罚，以及剥夺他们在官方比赛中获得的奖牌,并将他们的名字从记录中删除。然而,贪婪再一次冲在了前面:举办锦标赛的人贪钱,运动员、国家体育组织和国家政府显然贪名(赢得奖牌也可能为运动员争取到利润丰厚的代言合同,如今的体育界名人常见的做法)。奥运奖牌的声望似乎已经超越了所有其他考虑因素,公众不禁一直在思考:未来是否能够信任此类比赛的结果?于是媒体公开讨论了国际田联是否应该取消并由新机构取代的问题(与国际足联一样)。

这是一个令人遗憾的故事,也许需要几年时间才能知道腐败的全部程度,尤其是因为这些指控总是遭到那些被告的否认(通常伴随着这只不过是媒体梦寐以求的阴谋这样的言论),针对国际奥委会和国际足联的腐败指控也是如此,直到证据的建立变得至关重要。在自行车运动中,我们早就经历过拒绝承认服用兴奋剂的精心策划的文化的经验。在 2012 年兰斯·阿姆斯特朗(Lance Armstrong)及其团队的阴谋最终被粉碎之前,成功的个人一直维持着远离违禁药物的假象。许久之后,自行车协会随后被迫羞辱地重写了奖牌榜:如,阿姆斯特朗的环法冠军头衔。现在,参与这项运动的许多人承认,事实上,这种做法普遍存在。现在它是否已经彻底根除,或是在躲避检测的程序方面变得更加复杂,依旧值得怀疑。作为自行车运动的主要赛事,环法自行车赛仍然是人们对于兴奋剂持相当怀疑态度的焦点,这似乎可能会持续下去——拒绝文化也是如此。公众早已预料到会出现对腐败的否认,他们很快就认为否认就等同于承认有罪。对于主要体育组织的高层而言,"无罪推定"几乎不再适用;一位这样的愤怒的官员的评论无意中加强了他的观点,你不能指望他否认他没有做过的事情。

职业体育似乎充斥着贪婪的例子,很有可能本赛季还会出现更多不道德的事件。在板球比赛中,球员球赛造假是最近出现的许多不道德事件之一。因为板球是一种特别容易操控的比赛(即,就特定的短时间内的比赛下注）。几名球员已经被判有这种做法，例如2011年，巴基斯坦国际板球手萨尔曼·巴特（Salman Butt）和穆罕默德·阿西夫（Mohammad Asif），后来两人都遭到了板球协会做出的禁赛处罚。网球和斯诺克也因为同样的原因而受到怀疑，而且已经有几个裁判被禁赛。是赌徒与赌博公司——无疑在贪婪的推动下——成了这里腐败的重要影响力。他们向球员与裁判员提供丰厚的金钱诱惑，将他们吸引到假球计划中。但是为了让这些方案能够发挥作用，球员必须能够接触到这些途径并接受诱惑。随着涉案人员的不断增加，我们很遗憾地发现，能抑制诱惑的人不多。现在，是观察这个空间，从中发现这个现象究竟有多广泛的时候了。

我们不得不再次注意到，贪婪在体制的环境下极其容易生根发芽。当我们遇见其它在起作用的例子时，它往往会引发一种不良反应。这似乎深植根于我们的心理，因为我们发现像国际足联这样的机构已经整个被它所腐蚀。就个人而言，如被人唾弃的自行车冠军兰斯·阿姆斯特朗，其中所牵扯的金融贪婪并不如对于比赛获胜所带来的名声以及社会荣耀多。除此之外，我们还能如何解释这么多运动员无视所有道义上的反对意见，为了赢得奥运奖牌而服用兴奋剂的决心？他们显然受到了对于名望的迫切需求的驱使，尽管只要正确处理，这种驱动力也能获得支持，可是一旦公众发现成功是在药物辅助下获得的之后，就如同阿姆斯特朗被发现时那样，他们就可能会变得非常无情。

此类丑闻潜伏地最深的一个方面就是它们相互结合，逐渐削弱公众对运动员及其管理者的信任。无论是被揭露的球赛造假、操纵比赛还是服用违禁药物，比赛的结果和世界纪录的可信度都受到了严重的质疑，使整个锻炼基本上毫无意义，因为体育迷们不再清楚应该相信什么或是什么才是真实的。这是贪婪如何改变公众的又一个例子。

第九章
贪婪与艺术行业：
艺术创作的灵感源泉

贪欲这个主题多年来一直令富有创造力的艺术家们着迷。从守财奴到无良企业家，它为画家、作家与电影制作人的社会评论奠定了坚实的基础。例如，戏剧家们已经发现，贪欲，尤其是守财奴的乖张举止，为悲剧与喜剧提供了相当多的灵感，例如，莎士比亚的《威尼斯商人》(*The Merchant of Venice*, 1596~1599)，本·琼生(Ben Jonson)的《狐坡尼》(*Volpone*, 1607)与莫里哀的《吝啬鬼》(*The Miser*, 1668)。就小说而言，查尔斯·狄更斯在《圣诞颂歌》(*A Christmas Carol*, 1843)中所刻画的斯克鲁奇(Scrooge)一角是现代最知名的守财奴之一。狄更斯也在《艰难时世》(*Hard Times*, 1854)中尖刻地描写了19世纪工厂主阶级贪婪的嘴脸及为生活在典型的英国北部工业城镇的工人的严酷影响。可想而知，信仰马克思主义的作家们必然对贪欲持批判的态度，认为它是资本主义意识形态的本质。贝尔托·布莱希特的《大胆妈妈》(1939)就展现了贪欲究竟可以将诸如照顾家庭之类的人性最基本的价值观扭曲到何种程度。

鉴于教会对贪欲持高度批评的态度，守财奴成为广受中世纪及近代画家欢迎的主题也就不足为奇了。《贪婪》(*Avarice*, 1507)是阿尔布雷希特·丢勒(Albrecht Dürer)一幅著名画作的标题，画中一位形容憔悴的老妇人贪婪地攥着一大把硬币。而耶罗尼姆斯·博斯的《死神与守财奴》（约1485~1490年）则对该主题进行了极其不同寻常的处理。贪婪这一主题同样也出现在了老彼得·勃鲁盖尔（Pieter Bruegel the Elder）等其他各类艺术家的作品之中，因此，它对于创作界的影响显而易见。

无良企业家与金融家在电影中也占据着显著的地位。1987年奥利弗·斯通执导的《华尔街》中的哥顿·盖柯已经成了这方面的标志性人物。马丁·斯科塞斯（Martin Scorsese）的《华尔街之狼》（*The Wolf of Wall Street*，2013）与亚当·麦凯（Adam McKay）的《大空头》（*The Big Short*，2015）都将这一传统延续到了更随心所欲、也更残酷无情的21世纪的金融界。早期电影史上一部以此为主题的著名电影是根据弗兰克·诺里斯于1899年首次出版的小说《麦克提格》（*McTeague*）改编的《贪婪》（*Greed*，1924）。导演埃里希·冯·施特罗海姆（Erich von Stroheim）显然极为痴迷该主题，他制作了一部长达数小时（不同影评人对于电影时长的描述各不相同）——按照无声电影的标准来看更是相当长——的作品。存世的《贪婪》是由其工作室推出的大幅剪辑之后的版本，否则影片根本毫无市场。它所传递的信息与21世纪的观众密切相关，因而值得我们在此花费笔墨加以详述。

小说

《威尼斯商人》

受基督教影响的欧洲文化与生活在其中的犹太人之间的关系不太融

洽，贪婪不过是几个世纪以来安在犹太人身上的众多反社会人格之一。因此，从很多方面来说，为了榨取还款而不惜泯灭人性的犹太高利贷者夏洛克就是一幅讽刺画像。在中世纪与近代欧洲，犹太人往往是放债人与银行家。基督教会极不赞同放高利贷的做法；然而，与此同时，随着贸易的发展，贷款市场也在不断扩大，犹太人介入其中提供了这项服务。基督教文化存在一定的虚伪性，它一面谴责高利贷，一面又怂恿信徒们成为高利贷者的固定客户。尽管詹姆斯·夏皮罗（James Shapiro）曾在《莎士比亚与犹太人》（*Shakespeare and the Jews*）中曾提到，在莎士比亚的时代，社会对高利贷的态度发生了转变，英国也逐渐出现了放债人。但就此而言，犹太人在现代经济秩序的崛起中发挥了重要作用。通过提供贷款，他们增加了整个欧洲的贸易量并促进了支撑经济秩序的银行业的建立。因此，像夏洛克这样既遭人鄙视，又在当时的欧洲社会不可或缺的人物被置于了一种遭人反感的地位（尤其是考虑到犹太放债人因其收取的高额利息而臭名昭著时），这就使我们可以透过不同的视角来审视他们的贪欲。

然而，夏洛克之所以坚持用"一磅肉（pound of flesh）"来抵冲借款，是为了检验观众是否会对他这类威尼斯社会中的外人所享有的不稳定的社会地位产生些许同情。由于提出了苛求，他遭受了莫大的痛苦，而且对于他来说，坚持这种要求无疑是不合理的，这不禁让人回想起莎士比亚时代广为流传的犹太人出于祭祀的目的而谋杀基督徒的故事（夏皮罗认为，这是"令《威尼斯商人》成了一部如此令人不安的喜剧"的原因之一）。不过，惩罚了夏洛克的基督徒同样无法赢得我们的赞许。鲍西娅发现并成功利用了威尼斯法律中的漏洞。她在为安东尼奥辩护时指出，威尼斯的法律规定，任何威胁到威尼斯公民生命安全的"异乡人（alien）"（如果履行合同，显然就会发生这种情况）都将受到如下惩罚：

> 他名下的半数财产，
> 应归受害者所有，
> 剩余财产没入公库，
> 罪犯的性命听凭公爵处置，
> 他人不得过问。

结果，夏洛克不仅尽失所有，而且被迫皈依基督教。民族身份与生存手段同时被剥夺，对他而言，这是强加在他身上的极其残忍的命运。因此，我们完全有权问一声，戏剧的最后，究竟谁才是最为贪婪的一方？可以说夏洛克已经被骗，从恶棍沦为了受害人，而他的对手却做出了一些不择手段的行为，这应该让观众对他们的道德水平产生怀疑。艾伦·辛菲尔德（Alan Sinfield）在指责威尼斯上流社会对待夏洛克的态度"公然地傲慢、轻蔑、势利、荒谬并且总体上十分险恶"时就引用了这句台词，而且他进一步指出，自己在观看了这部戏剧之后十分想站到放债人的这一边：

> 这一次，相对于其他人而言，被污名化的一方似乎占据了优势：他在被他们珍视的旨在维持犹太人奴性的商业与法律制度中找到了一个漏洞（有时这是必须的）并可以借此扭转局势。当然，威尼斯人现在都支持慈悲的品德，因为他们中的一员受到了威胁。但是我却认为：做得好，夏洛克，现在你的机会来了，别理会他们的花招，不要松口，坚持要求割下那一磅肉。

辛菲尔德承认，不论是对于他这个评论家而言，还是对夏洛克来说，这都是一项"高风险战略（a high-risk strategy）"——大概是因为即便放债人像夏洛克那样沦为了受害者，至多只能唤起这种程度的同情。然而，辛菲尔德却无法抑制地对夏洛克大加赞赏，认为他至少"试图（had a go）"承担起自己应负的责任。从贪欲的角度来看，如今我们能够从戏剧中领悟到的寓意也许并不如戏剧问世时那般直截了当，即便如同辛菲尔德在进一步提及戏剧上演当晚的经历时所指出的那样，"夏洛克落败时，观众席上显然有些人令人厌恶地高兴了起来。"

《狐坡尼》

贪欲是琼生所刻画的福尔蓬奈一角背后的驱动力。他在剧中的初次亮相便显露出了他贪婪的本性："早上好！早上好，我的金子！打开圣物箱，就能见到我的圣人。"福尔蓬奈沉迷在财富及其积累财富的狡诈方法之中。他诱使渴望能够继承自己财产的人们相信，他将在遗嘱中指定其中一人作为遗嘱继承人，从而哄骗他们献上礼物：

> 我无妻无子，无父无母，也无任何亲戚，
> 可以继承我的财产；
> 不过，我将指定一位继承人：
> 人们因此听命于我。
> 性别不同、年龄各异的男男女女，
> 每日都有人被吸引至我的家中，
> 为我献上礼物，呈上金银餐具、金币与珠宝，
> 盼望在我断气的那一天，

（每一分每一秒，贪婪的他们都在盼望这一天的到来）
能够拿回十倍的财宝。

福尔蓬奈决意利用别人的贪婪，他宣称自己因为"能够哄骗他们相信他们可以赚到钱而心满意足"。福尔蓬奈以欺骗他人这项"娱乐（sport）"为乐，从而成功将自我价值感膨胀到了一个荒谬的程度，导致他认为自己是一只狡猾的"狐狸"，能够利用诡计瞒骗所有的人：

现在，主顾们已经开始登门拜访啦！
秃鹫、鸢、乌鸦与食腐乌鸦，
以及所有的猛禽，
都认为我已经变成了一具死尸，
现在，他们来了，
可我还没咽气呢。

然而，他却并不如自己想象中那般狡猾，他的仆人莫斯卡（自豪地将自己称作"寄生虫"）却反过来在他背后与几个同样可疑的同伙谋划着如何欺骗他。富人身边似乎永远没有什么值得信赖的人。

福尔蓬奈最终罪有应得：政府将其放逐到修道院，并且像对待夏洛克那样，没收了他的财产。莫斯卡同样被揪了出来并被判处终生做苦工。他们的命运能否向他人发出不要在整个威尼斯社会中贪婪行事的警告，前景并不明朗。也许福尔蓬奈与莫斯卡已经出局，但是前者许多贪婪的"客户"，那些"猛禽"却仍然活跃着，很有可能正在寻找一夜暴富的新机会。贪婪似乎是这个世界默认的特征，而财富则散发着难以抗拒的吸引力。

《吝啬鬼》

莫里哀的《吝啬鬼》则向我们展现了一个更为荒谬的人物，阿巴贡。他的贪欲引发了各色家庭问题。尤其是年事已高的他却仍然打算与儿子倾慕的年轻女子结婚。阿巴贡通过放高利贷发了横财，他对财富的崇拜之情绝不亚于福尔蓬奈对黄金的热爱。就这一点来说，他在戏剧结束时的举动极其符合他的个性。他在甩下一句"该去瞧瞧我这心肝儿钱匣子"之后扬长而去。这句话将他真正的兴致所在表露无遗。他舍不得动用自己一分一毫的钱财，并因此臭名昭著：仆人们衣衫褴褛；他对子女们也一毛不拔（阿巴贡一再声称自己身无分文），他们所受的待遇也就比财产稍好一些罢了。阿巴贡全然不顾子女的反对，打算从金钱的角度来安排他们的婚姻——让儿子娶一位富有的寡妇，将女儿嫁给一个50多岁、有钱的熟人。在阿巴贡看来，准女婿最大的优势就是这门亲事"可以不要任何嫁妆"。提到钱，女儿的意中人法莱尔对阿巴贡进行了尖锐的批评："在这个问题上，他的身上找不出一丁点儿值得夸赞的地方。"

阿巴贡坚信，所有单独留在屋子里的人，哪怕仅仅停留了片刻，也会偷窃他的财物，因此他坚持只有在对儿子的贴身男仆阿剑进行搜身之后，才能允许他离开。为了实现良好的喜剧效果，莫里哀在此挖掘了隐藏在阿巴贡无耻、吝啬、贪婪的行为之中的潜在幽默。他完全无法相信，并不是所有人都像他那样贪婪，而是将贪婪认作是人性的典型特征。他究竟能够肆无忌惮地贪婪到何种程度，在他同意借钱给一位不认识的青年时暴露无遗。他尽可能地压榨这个小伙子，将高利贷的利率提高到了二分五厘，而且用货物来顶替部分贷款。当他后来发现这个小伙子竟然是自己的儿子克莱昂特的时候，克莱昂特比他的父亲更为震惊，指责他"和那些历史上丧尽天良、想出各种名堂且臭名昭著的放高利贷者相比，您这种层层剥削的手段简直是更胜一筹！"

在经历了滑稽喜剧必备的一系列阴差阳错与误会之后，爱情纠葛最终完满解决，为阿巴贡同意儿女们有情人终成眷属的结尾扫清了障碍。不过阿巴贡明确表示自己不会为婚礼支付任何费用，在皆大欢喜的结局中，他一如既往的吝啬与其他角色愉快的心情形成了鲜明的对比。尽管夏洛克与福尔蓬奈都因贪婪而受到了惩罚，阿巴贡却安然无恙地逃脱了惩罚（虽然情场失利，但是他宁可失去爱情，也不愿失去金钱），这也是现实生活中更有可能出现的结果。陷入信贷崩溃的银行与证券交易员往往也能侥幸脱身，尽管对于他们的行为，公众一片哗然，但是却鲜有人对他们提起诉讼。对于企业来说，避税也依然是一种极易操作的简单的程序。贪婪金钱的人往往非常善于保护自己。

《大胆妈妈》

布莱希特将《大胆妈妈》的背景设在了 17 世纪欧洲的 30 年战争[①]时期，通过戏剧探讨了贪婪战胜母子亲情的过程。大胆妈妈对于贸易的关注已经超越了一切，她依附于在整个欧洲大陆肆意劫掠的军队为生，并且认识到了战争所带来的经济机遇（现今的商界依旧如此）。她直言不讳地说道：

---

① 1618~1648 年的 30 年战争，是由神圣罗马帝国的内战演变而成的一次大规模的欧洲国家混战，也是历史上第一次全欧洲大战。这场战争是欧洲各国争夺利益、树立霸权的矛盾以及宗教纠纷激化的产物。战争以哈布斯堡王朝战败并签订《威斯特伐利亚和约》而告结束。

如果听那些大亨们谈论战争，他们会说战争是为了敬畏上帝，为了一切美好的事物。可是，您再仔细看看，他们才不是那么笨呢：他们进行战争还不是为了得到好处！要不是这样，像我们这种小人物也不会裹进战争里边的。

在大胆妈妈这个例子中，道德完全服从于获取财富的欲望，对布莱希特来说，不论在何时何地，这都是资本家的典型缺点。就算大胆妈妈曾经对别人怀有同情之心，这种情感现在也已经被她的商业冲动所抑制，这已经成为她之所以存在的主要原因，坚持不懈，奋斗到底。事实上，在戏剧的尾声，孩子们的性命成为这种冲动的牺牲品，而布莱希特希望我们能够认识到，大胆妈妈对此难辞其咎——她所代表的制度难辞其咎。这里的罪魁祸首是资本主义，我们被敦促着去留意它是如何摧毁个人道德与社会联系的。因此，大胆妈妈在最后一个孩子卡特琳中弹之后所做的评论："但愿我一个人拉得了这辆车子。行，里面东西装得不多了，我又得去做买卖了。"布莱希特并不想让观众在此时为这个角色感到遗憾，尽管观众往往会产生这种感受（也许是另一种"高风险战略"），而在英语国家的演出强化了这种期望。他担心商业本能的腐败力量会对观众留下影响，大胆妈妈会因为允许这种力量如此全面地主宰自己的生活而遭到谴责。在布莱希特看来，这种冲动会令人丧失人性的力量。

《圣诞颂歌》

狄更斯笔下的斯克鲁奇，是小说中最令人难忘的心胸狭窄的人物之一，他对公众的想象力产生了极大的影响。《圣诞颂歌》对于该主题的处理方式与多数小说不同,它以大团圆结局结束。斯克鲁奇彻底摒弃了吝啬的行事方式,性格大变,几乎不可思议地从之前的食人魔变成了一个善良的施恩者,面带微笑地向周围的人慷慨解囊(现代人在使用它的名字时,几乎完全无视了这一点)。然而,在转变之前,斯克鲁奇是一个典型的吝啬鬼,不愿意花任何一分钱,极其不愿向他的职员鲍勃·克拉契(Bob Cratchit)支付少得可怜的工资。他迫使克拉契在一间几乎没有任何供暖的办公室里长时间工作:

哦!他可是一个要从石头里榨出油来的人,这个斯克鲁奇!他真是一个善于压榨、拧绞、掠取、搜刮、死守不放而又贪得无厌的老恶棍哪!又硬又锐利,好像一块打火石似的,可是钢棒从来没有在那上面打出慷慨的火花来。而且隐秘自守,默不作声,孤单乖僻,好像一只牡蛎。

克拉契正在努力依靠自己微薄的薪水养活包括残疾的儿子"小铁姆"在内的一家人。结果,一家人都得面对一场最凄凉的圣诞节,直到性格大变的斯克鲁奇在圣诞节的早晨出现在他的办公室。他被一场噩梦惊醒,梦里满是可怕的幽灵,警告他要为自己的恶行忏悔。当斯克鲁奇告诉克拉契,他即将增加他的薪水时,克拉契的即时反应是斯克鲁奇一定是发疯了:"鲍勃全身发抖,稍稍挨近了一把尺子。他脑海中闪过一个念头:用这把尺子将斯克鲁奇打到,抱住他,叫院子里的人都来帮忙,还要再弄一件拘束衣来。"毕竟,这个人刚刚在圣诞前夜断然拒绝为一个旨在捐助"需要生活必需品的"穷人欢度圣诞节的慈善基金捐款,相反,他愤愤地说道:"我自己圣诞节都不快乐,所以,我也不会花钱让其他无所事事的人快乐。"

这则故事中的贪婪的个人充分认识到了自己的贪欲对他人产生的影响,并且认识到自己需要为此忏悔——这一幕不会在弗兰克·诺里斯的小说里出现。在商界,像斯克鲁奇这样的忏悔是一种罕见的现象。

《艰难时世》

《艰难时世》为我们所呈现的是在虚构的北方小镇焦炭城(Coketown)中贪婪的工厂主所表现出的更具组织性的贪欲。在这里,贪婪已经变成了一种生活方式,是小镇运转的基础。焦炭城工业家们毫不留情地拒绝劳动力的需求,决心尽可能少地支付薪酬,即便工人们会因此陷入赤贫,有时甚至几乎要饿死——尤其是在经济衰退的时期(多数公司在此期间都会采用此类做法)。它真实描绘了19世纪中叶英国的社会制度运转方式,在工业化全盛时期,几乎无人能无法控制它的发展。利润是工厂主唯一关心的问题,他们一心一意、麻木不仁地专注于如何积累财富,对员工不屑一顾,认为他们是"一群没出息的家伙",不配享受更好的待遇。要是能将这些雇主转移到21世纪,他们绝对非常乐意接受临时工合同与雇用临时工制的文化,就更不用说避税了。

工厂主奢华的生活方式与员工勉强度日的生活形成了鲜明的对比。狄更斯在描写这一点时,字里行间充满了浓浓的讽刺意味,他的语气清晰地表达了他对这些工厂主毫无敬意,但却对不幸工人所处的困境有一种与生俱来的同情。对于后者来说,生活相当残酷,他们注定要在黑暗、压抑的工业环境中长时间地从事单调乏味的工作,几乎没有什么可以期待的事情。但是,正如作者指出的:

焦炭镇的这些特征大致上与它赖以生存的生产活动密不可分；可以从中剥离的是世界各地普遍存在的舒适的生活条件，以及造就贵妇人所需的那种闲情逸致。不必询问她们闲情逸致为何物，只要一听人提起这个地方，她们就会受不了。

这里几乎没有迹象表明，制造业的利润存在任何显著的"涓滴效应（trickle down）"（正如新自由主义经济学家所描述的那样）。富人仍然对自己奢华生活的人力资源成本，对于创造"舒适"与"优雅"的过程中充斥着的痛苦和绝望，或是强加在社会经济地位较低的人群身上的"艰难时世"有意视而不见。可悲的是，这种做法在西方国家依然存在，受雇为我们创造"舒适"与"优雅"的发展中国家的劳动力的工资和工作环境这个问题上。偶尔，这些问题也会登上报纸的新闻——例如，由于工厂的糟糕的健康状况与安全规定导致了大规模事故地发生——但是整个体系绝少会因此发生改变。在这方面，《艰难时世》这部作品与21世纪读者的相关度依然很高。我们同样有能力利用不公平的制度。

在《艰难时世》所设定的几乎没有工会组织介入的时代，工人完全任由雇主摆布。这些人几乎不存在多少社会良知，只关心如何为自己和家人积累个人财富。这与当今世界的相似之处再次显而易见。值得注意的是，在狄更斯所处的时代，若以百分比的形式来计算，工业的年利润率空间相当大（偶尔能到200%，甚至300%）。因此看到在这种场景下的角色就更应该受到谴责——他们自私到了近乎不近人情的地步。雇主对工人阶级的态度要么心怀蔑视，要么最多也是屈尊降贵，除了按照指示工作的能力，以及创造利润让其他人享受的能力之外，他们对工人没有任何兴趣。焦炭镇的教育体系主要就是为了培养下一代的工人，向他们灌输接受自己预期的角色，而不是抱怨现状的理念。工厂主对利润的贪欲只是被认为是一种自然规律。而他们所享受的奢侈的生活则标志着她们具有更大社会价值。正是这种制度极其背后的意识形态激怒了马克思，促使他对资本主义做出了不朽的批判。

《麦克提格》

尽管现在弗兰克·诺里斯的小说《麦克提格》（1899）几乎无人问津，但是它却是曾经名噪一时。1924 年，埃里希·冯·施特罗海姆将其搬上了银幕，给人留下了深刻的印象。尽管存在种种缺陷（隐藏着反犹太主义、不仅仅只是反映了厌女症），但是它犀利地控诉了依然能够在我们这个时代产生共鸣的美式生活的基本价值体系，因而值得获得更多现代人的关注。冯·斯特罗海姆为现已成为无声电影中的一部经典之作《贪婪》所选择的标题正确地界定了作品的重点。诺里斯发现，贪婪在 19 世纪末美国人的生活中随处可见。作品中的所有主角最终都臣服于它的诱惑，这说明它比任何社会关系的纽带都要强。友谊、爱情、婚姻、家庭……在贪婪阴险狡诈的影响之下，它们全都败下阵来。布莱希特一定会完全赞同这些观点。总的来说，《麦克提格》描绘了一幅极其贬损美国文化的画面，贪婪显然几乎无须任何激励便能在个人身上体现出来。旧金山这个背景有助于增强该主题的影响力，因为这是一座从 19 世纪中叶的淘金热中逐渐发展起来的城市。这一切仅仅发生在诺里斯这部小说问世之前的几十年。它可以被合理地形容为一个建立在人类贪婪之上的城市。首先，麦克提格本人被描绘为一名矿工，在小说的后半段他将重操旧业。

小说抓住了美国历史上一个尤其有意思的时刻，之前它刚刚结束了开拓边疆的时代。当时的美国社会虽然依旧粗陋，但却发展迅速，所有居民都试图从它的经济繁荣中牟利。国家的价值体系完全以金钱为依据，无人质疑这将对公共道德和个人道德所产生的负面影响。托马斯·卡莱尔（Thomas Carlyle）曾在英国工业革命早期观察到，"现金联结（the cash nexus）"已经成为人际关系的新基础，诺里斯笔下的旧金山似乎也确实如此。个人贪念总是潜伏在每个人的外表之下，等待着展示自我的机会。麦克提格的女友、后来成为他妻子的特瑞纳在中了5000美元的彩票之后——这在当时可以说是一笔巨款——成了贪欲最显著的象征。特瑞纳舍不得去碰奖金的一分一毫，她很快就变成了一个彻头彻尾的吝啬鬼，还偷偷从麦克提格给她的家用里扣下钱存起来。每当麦克提格向她要钱时，她都会撒谎说自己手头的钱远没有他想的那样多，并且完全拒绝动用彩票的奖金。

尽管特瑞纳意识到自己的性格已经与少女时代的无忧无虑大相径庭，但是她却发现非常容易对自己的行为做出合理化解释："'我以前可没有这么吝啬，'她对自己说，'自从中了彩票之后，我就变成了一个普通的小气鬼。我开始越来越吝啬，不过没关系，这是个不错的小缺点。反正我也控制不住自己。'"可悲的是，诺里斯笔下的主要角色似乎都未能逃脱这种命运，他们都觉得自己在金钱问题上"无能为力"：到了这一刻，任何人都会沉溺在贪婪之中。即便只是片刻，他们也没有试图去抵制或克服这种冲动。角色之间几乎没有表现出什么爱情或情意，相反，人际关系似乎几乎完全以"现金联结"为中心。诺里斯的角色们更关心自己而非他人的福利，尤其金融福利，不论他们之间的关系有多么亲密。

旧货店店主、犹太人热尔库与头脑极其简单的墨西哥清洁女工玛丽亚·马卡帕之间的故事情节与之类似，揭示了贪欲在个人心理的发展过程。玛丽亚喜欢向她所认识的所有人吹嘘她们一家是如何获得一套由纯金制成的餐具的——她夸口说这套餐具"足有100多件"——她绝对是在白日做梦。除了热尔库，没有人真正相信她的话。热尔库一听到金子便会两眼放光，这个故事让他久听不厌："这是他的梦想，他的挚爱！他的眼睛绝不会漏下金子发出的任何一丝光芒！金子发出的叮当声就犹如铙钹，永远在他耳畔回响！"当玛丽亚给他带来一些顺手牵羊弄来的，准备通过便卖弄些闲钱花的零碎物品，包括极具象征意义的，从麦克提格的牙科手术中偷来的黄金填充材料时，两个人的关系就逐渐发展起来。仅凭这些，就足以吸引热尔库，他总会贪婪地抓住它们，因为能够得到任何形式的金子而欣喜。热尔库对于玛丽亚口中的家庭财富极为痴迷，最终将她娶进家门，觉得这样一来，自己必然距离将那套餐具收入囊中更近了一步。他坚信玛丽亚确实知道它们究竟藏在哪里，而且终将向他吐露这个秘密。他是作者留意到的一个人物："你绝对一眼便能发现，贪欲——无节制且不知足的贪欲——是这个男人身上占据主导地位的欲望。"

在对热尔库的刻画中，绝对存在着反犹太主义的倾向，作者用各种旁白表明他的行为是犹太人的典型特征，这一点会令现代观众恼火。事实上，热尔库并不比其他主角更加贪婪。即便玛丽亚拒绝透露金碟的所在（她自己开始否认故事的真实性之后），他对于黄金的迷恋唆使他谋杀了玛丽亚。这与麦克提格最终为了染指特瑞纳备加谨慎地守卫的彩票奖金而谋杀特瑞纳的行为极为相似。小说最终表明，无论其种族背景如何，贪婪可以驱使任何人做出不顾一切的行动。只要机会出现，这种特质就会迅速浮出水面。总的来说，这是对于人性的谴责。

随着叙事的展开，麦克提格最好的朋友，马库斯·斯库勒（Marcus Schouler）也成了具有扭曲力的影响又一个贪婪的受害者。初次登场时，他是特瑞纳的男友，一个相当随遇而安的角色，而且他们俩还有望在未来的某个时候结婚。然而，当马库斯带着她踏进他的手术室接受治疗的时候，麦克提格立刻对特瑞纳一见钟情。他坦诚地向马库斯诉说了自己陷入的困境，为了自己的朋友，马库斯主动退出。他的行为看起来似乎很英勇，但是你不久就会发现，马库斯对于特瑞纳的情感并不炽热，也并未因为放弃这段感情而过分在意（改编后的电影用这一段来表现之间的友谊，对于这一段的描绘远比小说更为感性）。然而，在特瑞纳中了彩票之后，马库斯的态度却发生了翻天覆地的变化，因为失去了将这些钱收入囊中的机会，他对麦克提格充满了深深的怨恨，自此之后，他开始对麦克提格怀恨在心，甚至当两人在酒吧发生口角时，他向麦克提格扔了一把刀子。他从未彻底原谅麦克提格，在故事的最后，两人之间的生死决斗似乎已经无法避免。尽管事实上，马库斯第一次出现的时候，他就有一种在喝了几杯之后向所有人做出有关社会主义的慷慨陈词的倾向：

"资本家毁掉了劳动这项事业！"马库斯一边吼一边用拳头捶打桌子，震得啤酒杯直蹦："懦弱的懒鬼、叛徒！他们胆小怯懦，将原本属于寡妇和孤儿的面包吞进肚里！那里是邪恶盘踞的地方。"

贪婪甚至比政治信仰更深入人类的内心。

特瑞纳的吝啬日益成为一个问题，自从麦克提格因为缺乏相应的从业资格（他在为一位坑蒙拐骗的游生做了几年助手之后入了这一行）而被禁止从事牙科工作，两人开始变得穷困潦倒。麦克提格与特瑞纳均指责马库斯向当局告发他无证行医的事情，这进一步激化了他们之间的仇恨。尽管麦克提格没能找到另外一份合适的长期工作，两人的日子过得愈发捉襟见肘，特瑞纳依然拒绝动用彩票奖金来缓解眼前的困境。相反，她更加专注于从家用中扣出钱来增加自己的私房钱——甚至到了在购买食物的时候报给麦克提格虚假价格的程度。她的吝啬日益激怒了麦克提格，两人渐行渐远，麦克提格开始酗酒，特瑞纳则开始鄙视，同时也开始害怕他。施暴就成了他从特瑞纳手中榨取小钱的一种方式，而且他常常会狠狠咬住她的手，最终她不得不截掉几根手指。这为随后将会发生的更加残暴的一幕定下了基调。

故事的最后一幕发生在死亡谷，为了躲避残忍谋杀特瑞纳的指控，麦克提格逃到了那里。死亡谷似乎是一个极为合适的严酷的地方，人类的情感在荒凉的不毛之地中只剩下了最基本的情感。迁至附近成为牧场主的马库斯瞥见了通缉麦克提格的告示，说服当地警长允许他加入了他所带领的追捕队伍。当队伍决定绕过死亡谷时，马库斯草率地选择独自上路，决心一手抓住麦克提格。他认为麦克提格通过与特瑞纳结婚偷走了原本属于他的"钱"，并因此对他怀恨在心。多年来，这份憎恨不断化脓溃烂，现在，他满脑子只剩下了报复。从那以后，追捕就成了会造成最终悲剧的一章，对于他们而言，憎恨的理由早已不复存在。在马库斯捉住麦克提格后，两人被困在了炎热的沙漠之中，附近找不到任何水源。当麦克提格的马因为食用了有毒的疯草而受惊时，他们被迫开枪，阻止它飞奔而去，并因此打爆了挂在马腹上盛水的容器。这意味着两人此时一滴水不剩。随之而来的斗争以麦克提格砸死了马库斯而告终，但马库斯在咽气之前成功地将自己与麦克提格铐在了一起，麦克提格根本无法逃脱。马库斯复仇成功，但却付出了生命的代价。贪婪也给另外两个人带来了悲剧的结局，一个是特瑞纳，另一个热尔库，在玛丽亚被谋杀后不久，人们发现他俩在海湾中溺亡。

这部电影本身就具有曲折的历史，工作室大幅删减了导演所拍摄的原始版本。令导演不满的是，影片最终上映时，片长只有大约两个小时。冯·施特罗海姆尤其忠实于原著。他显然对这本书充满热情，似乎不愿意削减他所拍摄的任何内容。在现代，这也许是拍摄系列影片（如指环王三部曲）或电视连续剧的好选择，但却不是无声电影时代电影的拍摄方式。《贪婪》票房惨淡，几乎销声匿迹，直到后世的电影史学家重新对它产生了兴趣，其中的许多人现在认为，这可以说是有史以来最伟大的美国无声电影，辛辣地刻画了美国人对于金钱的痴迷。不幸的是，冯·施特罗海姆的原始镜头大部分都没有找到（可能被摧毁了），尽管现存的影片是经过精心修复的4小时版本，但其中大部分点缀着大量由小说中提取的文本，用以填补实际发行版中的所缺失的内容。

电影对于小说最有效的补充之一，就是反复拍摄了手反复翻转一堆金块的场景，手的主人显然对于手边有如此一笔巨款而欣喜若狂，这是许多角色，尤其是特瑞纳的梦想，她每隔一段时间就会以这种方式与自己的存款谈心。它所传达的信息很明确：一旦贪婪在你的性格中扎根，那么它很快就会主宰你的观点和行动，而且这个信息就是，任何人身上都有可能发生这样的事情。所有人都有能力贪婪——它潜伏在我们心中，只等合适的机会出现。

死亡谷的场景在电影中效果特别好，沙漠中刺眼的光线与毫无人烟的荒芜给人带来了强烈地冲击。就其本质，这是人类的生活，在一片生存受到严重威胁的残酷的场所中，上演了一幕复仇的悲剧，两个角色都未能度过这一劫，死亡是唯一的结局，因为这两个角色都是为了自己的罪付出了最终的代价。事实证明，如同特瑞纳和热尔库一样，"无节制且不知足的贪欲"也导致了他们的倒台。

以这部小说为蓝本，还拍摄过一部更早的无声电影《生活的漩涡》（*Life's Whirlpool*，1916），但是现在已经找不到这部影片了。显然，这个故事引起了当时人的无限遐想。为了表明小说仍然可以引起人们的兴趣，最近，在1992年，美国作曲家威廉·博尔康（William Bolcom）将《麦克提格》改编成了歌剧舞。

《章鱼》

尽管存在缺陷，但《麦克提格》依旧有力地批判了美国价值体系。即便放在今天，它也依旧具有一些重要的意义。一个利己主义如此盛行的制度似乎有些不妥。正如评论家埃里克·所罗门（Eric Solomon）所言："《麦克提格》不仅是一部伟大的美国小说，也同样是一部非常有趣和刺激的小说。"也许是一个谨慎的建议，但诺里斯还是值得一读的。他认为美国资本主义的核心已经有东西腐烂变质，这是他在继《麦克提格》之后的另一部小说《章鱼》（*The Octopus : A Story of California*）中再次探讨的主题。诺里斯原本打算撰写《小麦》三部曲，但是他未能完成心愿便以与世长辞。他只写到了小说的第二部《深渊》（*The Pit : A Story of Chicago*）最后一卷原本打算设定在欧洲，那里是美国小麦作物的主要出口目的地。人类的贪婪，"无节制且不知足的贪婪"再一次被放在了显微镜下，在诺里斯眼中，它就是美国灵魂不可告人的秘密。对于诺里斯来说，这种贪婪在商界有组织的力量中可以找到最有力的表达，在小说中，这象征着各家铁路公司的"章鱼"，触角遍布各处，将拦住其去路的所有人压扁。

事实上，正如作品中的许多人物所发现的那样，反对铁路"章鱼"就是把你的生命置于危险之中。铁路完全不能容忍有人违抗自己的意志，而且可以拥有巨大的资源。它是"一个强大机构的取之不尽的金库。"

《章鱼》是一个部庞大的小说，几只相互关联的线索交织在一起，往往以极为悠闲的速度向前发展。它是一部不平衡的作品，把对于西部的理想化的观点和由于与对其开发而引发的相互冲突的力量的认识尴尬地摆在一起——西部作为美国其他地方的一个缩影，正在迅速变成战场。小说开始的时候，诗人普雷斯利正在与这些对加州农村的影响日益增长的矛盾势力做斗争，他已经深深地爱上了这片土地：

> 他为自己定下了用真实、绝对真实的笔触，诗意地描绘牧场生活，然而，他一次又一次地谴责铁路，那些顽固的铁栅栏粉碎了他的浪漫念头，它们分崩离析，化成泡沫，飞扬的泡沫。

小说的焦点小麦农户们所拥有的牧场规模各不相同。一些牧场十分辽阔，自豪牧场主可以从自家外观奢华的住宅放眼望去，满眼都是滚滚的麦浪，望不到边际。而其他人的牧场规模则要小得多。但是即便面积最大的一个，也没有能力长期与铁路及其代理人对抗。几乎所有主要的农场主，最终不是死亡就是破产，被铁路无情的政策压垮，总体来说，这是一个悲惨的故事——尤其是考虑几乎所有邪恶的角色都毫发无损地逃脱了。最终唯一的赢家是有组织的资本，而它绝对没有社会良知；它唯一关心的是如何从消费者那里榨取最后一滴利润,而且它所采用的方法是无情的。在我们自己的时代,连锁超市经常因为以这种方式苛待供应商而受到指责,为了提高自己的利润,他们压低了后者的利润率。

考虑到农耕社会令人绝望的命运,他被铁路公司的无情彻底摧毁,诺里斯选择以欢快的笔触结束小说,这一点着实出乎我们的意料:

> 虚伪是会死亡的;不法与压迫的行为最终也都会被消灭干净。贪婪、残忍、自私与灭绝人性的行为都很短命;个人会遭遇灾难,但是人类依旧生生不息……把视野放得开阔一些看问题,看透一切罪恶,一切虚伪,你就会发现最终能够占据上风的真理,就会发现,天下万事都必然会相辅相成地向着好的方向发展。

然而,诺里斯这个有关苦难的史诗故事中却没有什么内容能够支撑这个乐观的结论,它只能给人留下一种近乎痴心妄想的感觉。它让我们开始思考"没有灵魂的力量、铁石心肠的力量、怪物、巨人、章鱼"大获全胜。如何反击章鱼仍然是一个谜,并且我们被告知生活仍会继续,这一点为我们提供了些许宝贵的安慰。诺里斯在面对所有不利证据时所表现出的乐观也许只能被视为是美国文化的特征:相信国家理想最终会占上风,每个人都将受益于由此带来的经济成功。如果贪欲果真如同诺里斯在作品中所表现的那样在美国人的性格中深深扎根,那么这种希望就会变的极其渺茫。他的作品暗示了贪欲将会胜出,而它总能导致社会分裂。环顾我们所处的时代,没有迹象表明,今天企业的力量较之诺里斯的年代更弱,或是他们拥有更强的社会良知。"股东防御"总是可以用来为任何可以增加利润的行为辩护。在这种背景下,利润永远被置于了人的前面。

《深渊》

诺里斯继续在《深渊》中探索了贪婪这一主题,这一次的故事发生在20世纪初芝加哥小麦市场的大宗商品交易。在这个阶段,麦农的命运已经完全不在自己的掌控之中,我们再次陷入了一个充满着贪婪个人的世界,他们竭尽所能改善自己的经济状况,丝毫不顾及自己的行为可能会对别人造成的影响,并且受到了似乎已经成为美国市场巨大驱动力的贪婪的驱使。市场投机往往能够将人性中最坏的一些内容展现在人们面前。投机者总是在寻找机会大赚一笔,如果需要以牺牲同胞的利益为代价,那就更好了。个人利益高于一切,不论你是否为此不择手段。

与《章鱼》一样,《深渊》的叙述同样场面恢弘,它描述了几种截然不同的生活方式之间的冲突:金钱的世界与艺术的世界,个人的创业动力与社会精神,传统与无情的资本主义新秩序。不过,诺里斯欣赏市场对我们施展法术的方式,劳拉·迪尔伯恩(Laura Dearborn)更愿意生活在艺术世界的人,如何应对在深夜被芝加哥的商业区所驱使:

劳拉突然理解了这一切的含义与真谛。这座伟大的灰色都市不能容忍任何对手,它将自己的统治强加在比旧世界的许多王国都要广阔的多的大片土地上……所有城市之中,只有这里才有着真正的生活——美国的真正力量与精神;它犹如一个巨人,挟裹着青春时期粗野的气势,傲视对手……劳拉不倦地张望着,处处是目不暇接的景象与震耳欲聋的声响。

章鱼又一次伸出了触须，它似乎遍布全国。在这种力量的面前，你根本无路可逃，它可以毫不费力地在各行各业中催生出贪婪之心。

不幸的是，很少有人能够抵挡住章鱼的诱惑。小说的主角之一柯蒂斯·贾德温（Curtis Jadwin）是一位市场投机者，后来他成了劳拉的丈夫。在这方面，他为我们做出了警示。他是一名业主，偶尔会涉猎一些投机行为，不过通常都十分谨慎。他很清楚，在如此大规模的市场中，你的所有财富很容易就能被市场吞没，你的财富都处于风险之中。贾德温只需要拜访市里的贸易委员会就能观察到一些曾经不可一世但是现在却极其落魄的投机者可悲的现状。他们四处闲逛，假装自己依然参与着繁忙的大宗商品交易，即使他们再也没有资金进行交易或投资。贾德温的经纪人山姆·格雷特里（Sam Gretry）为他提供了一个机会，在短期内垄断小麦市场，此举可能会在极短的时间内为两人带来一笔相当巨大的意外之财。贾德温最初拒绝了，不过没过多久，经纪人最终还是说服他去碰碰运气，支付了一大笔钱来凑齐交易所需的资金。贾德温其实并不缺钱。35岁时，他已经是一个富有的人了，这个出身卑微的人一步一步，按照由来已久的美国传统走到了这一步。然而，胜过竞争对手的机会实在是太诱人了——对投机者来说几乎总是这样。

这笔交易成功了，但是贾德温的一位朋友，查尔斯·克雷斯韦尔（Charles Creswell）是期货交易场上手段老辣的老手，却对其不太赞同：

我不想祝贺你……在这一点上，我宁愿你蚀本，而不希望你赚钱——只要你能因此永远离开交易所。你现在很得意——我明白——上帝啊，我怎么会不明白呢。我也有过这种经历。我知道一个人是怎样被拉进这种投机的把戏里的。

但是事实证明，这时候再发出警告已经太晚了，贾德温已经被卷入了这场游戏。没过多久，他就开始了一次风险极大的冒险。他投入越来越多的个人财富作为交易的保证金，因此承担了越来越大的风险。很快，他就无法想象，如果没有投机来吸引他的注意，生活还有什么乐趣。这是诺里斯小说中一个老生常谈的故事：贪婪的冲动再次袭来，而且是重重袭来。只要你曾经屈服于它的诱惑，你就很容易对贪婪上瘾，如果你不够小心，它就会逐渐占据你的整个生活。贾德温的悲剧就在于，他开始觉得自己是"宇宙的主宰"，并且沉迷于"垄断市场"。结果完全在预料之中：他确实垄断了市场，并且因此获得了随心所欲抬高小麦的价格的能力。问题是，他变得如此贪婪，以至于他无法阻止自己继续这样做，他将小麦的交易价格推到如此高的水平，最终市场向他发出了反击。一旦得到释放，贪婪的冲动就永远无法满足，他取得的任何成就都远远不够。贾德温这个典型的例子证明了贪婪具有摧毁人的性格的强大力量。这个过度扩张的人不知道何时应该收手。与《麦克提格》类似，贪欲也对他的个人生活造成了严重的破坏，使他同妻子形同陌路，婚姻岌岌可危。

借助随后克雷斯韦尔对于整个市场投机体制的抨击，诺里斯很好地说明了贪婪的冲动会在更广泛的社会意义上产生危险：

他们把这种行为称作买卖……但这其实是一种赌博。提前几个星期，甚至几个月对市场的情况下赌注。你赌小麦会涨，我赌小麦会跌……想想吧，几十万、几千万人的粮食就任凭商会里的人摆布。他们决定着小麦的价格。他们说农民应该付多少钱才能买到面包。要是他付不起，就只好挨饿。

同样的情况还有很多，诺里斯偶尔会像这样揭示出资本主义的缺陷（隐藏在经济发展这个概念背后）以及为什么我们中的许多人会对市场体系下潜藏的无政府状态感到明显的担忧。因此，在故事的后面，居然是克雷斯韦尔被说服加入了让贾德温吃苦头的小圈子，实在是最具讽刺意味、最生动的一件事。一旦成了投机者，你就终身都是投机者——即便你意识到整个体系出了问题。不出意料，他的决定也为自己带来了困扰：他发现自己在贾德温最终失败之前，他就已经发现自己走投无路，并且选择自杀来逃避由此带来的耻辱。

在贪欲这个问题上，诺里斯拥有许多亲共产主义的同仁，并且与当时以及现在美国主流的商业伦理相左。股票市场确实建立在赌博的基础之上（尽管它的拥趸们很少会这样描述），而它的背后隐藏着想要不劳而获的欲望，不管它会对他人的福利产生怎样的影响。诺里斯一再在他的小说中表明，贪欲推翻了社会良知，如果以这种方式放任自私自利发展，有人就会遭殃。首先是贪婪个人的近亲，最后则是更广泛的社会。我们至今依然在这种制度下劳动，它的复杂性现在为贪婪的个人提供了更多放纵利己主义，充实自己腰包的机会，最终会损害无数底层人民的利益。当然，那些受益的人只不过忽略了这个令人不安的事实，把自己看成是经济增长的动因。诺里斯透过自私自利的概念，揭示了大多数市场交易的反社会性质，这些交易并不受由利他主义而是更为阴暗的个人动机所激发。毫无疑问，诺里斯是一位令人印象深刻的社会批评家。

我们很想知道，如果诺里斯没有在年仅32岁时便已辞世，那么作为一位作家，他将获取怎样的成就。但他似乎成了美国生活方式最有见地的批评者之一，特别是贪欲渗透到国家文化方方面面中的方式。贪欲被认为是现代市场不可避免的结果，同时也是推动它发展的力量。就诺里斯而言，美国经济的成功付出了相当大的社会与心理代价，鲜有人能从这种后果中逃脱。最近，许多美国社会经济发展的评论家都倾向于赞同这种总体悲观的评价。例如，乔治·帕克（George Packer）在其备受赞誉的社会学研究著作《解密：新美国秘史》（*The Unwinding : An Inner History of the New America*）中指出，对财富的贪欲是美国的"默认力量（default force）"，而"有组织的资金（organized money）"则无情地推动着财富的发展。诺里斯时代无情的自由放任资本主义与我们当今同样无情的新自由主义势均力敌，他们都有能力诱发出人性中最糟糕一些方面（2015年，希腊试图摆脱欧盟债权人强加的紧缩政策，结果却令希腊蒙羞，它清楚地提醒人们，掌权的新自由主义者是多么冷酷无情。事实上整个希腊都已经被债权人勒索，他们以一种极不道德的方式联合起来对付希腊）。正如帕克所述，如果有组织的资金决定将生产外包给更为廉价的发展中国家——不能让股东们失望——那么社会就会被摧毁，个人生活也会遭到破坏。因此，许多重工业已经从西方国家消失，同样消失的还有将许多社区团结在一起的生活方式。"章鱼"成了一个用以描述股份制运作方式的非常贴切的比喻，这是全球商业活动的常态。

诺里斯是一位有趣但却有些缺点的作家，虽然不得不承认，他的行文冗长沉闷，但他作品的主题很深刻，这也是我详细研究其作品的原因。尽管他的小说存在一定争议——现代观众很难接受反犹太主义与厌女症——他仍然是敢对美国社会进行尖锐批评的人物，他对于文化以及贪欲在文化发展过程中所起的作用有一种偏激的看法，这种看法在多年来一直反响不断。特别是在奥利弗·斯通的哥顿·盖柯的身上，自1987年《华尔街》上映以来，盖柯这个名字就已经成了金融贪欲的代名词。

电影

《华尔街》

对于斯通来说，盖柯代表了美国金融界的所有问题，在这个看似与世隔绝的世界里，贪婪与不道德成了有毒的结合。事件已经向我们展示了它的毒性。盖柯的行事方式绝对冷酷无情，这是我为什么会详细讨论他的缘由。他丝毫不关心剥夺公司资产——他的专长——的行为会对他人生活造成怎样的破坏。他的形象似乎和漫画里的怪物没有什么两样，他的思想、行为全都带有侵略性和破坏性。而且，要想在金融界与商界中找到和他一样的人，并不是一件困难的事。盖柯沉迷于股票市场以及多年来所做的交易；事实上，除了股票与金钱外，他几乎没有什么谈资。他对于世界的看法十分狭隘，完全凭借人们的财富与市场交易智慧对人做出判断：他们要么对他的计划有用，要么很快就会被抛弃。他的一个门生，巴德·福克斯（Bud Fox）最终因内幕交易而被捕，最初就是盖柯促使他这样做的，盖柯完全不顾及股市的调控。在他看来，你应该利用一切可以战胜竞争对手的手段，不管它是否合法，这是他现实生活中的许多同行们共同的观点。内幕交易只是股票市场上的一个事实，通过频繁的内幕交易获得暴利的诱惑远远比遭遇逮捕和起诉的恐惧更加强烈。

《华尔街之狼》

马丁·斯科塞斯的《华尔街之狼》（2013）改编自纽约投资公司老板乔丹·贝尔福特（Jordan Belfort）的回忆录。电影描绘了贪婪过量导致的可怕场面，影片中的角色在狂欢派对与大规模吸食毒品的过程中挥霍掉了他们在股票市场中的收益。与贝尔福特比起来，盖柯简直就是小儿科，影片所呈现的放荡、贪婪的世界,甚至超过了布莱希特怀着马克思主义的偏见所描绘的美国。贝尔福特的公司采用最极端的强行推销术,把投资者当作猎物,而员工的唯一兴趣就在于从销售中积累个人佣金,而且很快就会有令人垂涎欲滴的回报。他们所出售的股票往往无异于废纸一堆,但是当时时代的要旨就是:只要操盘手承诺这些股票能带来快速致富的机会,那么投资人马上会一拥而上。在一个将富有变成自然权利的社会里,贪婪无处不在。在这方面,贝尔福特这样的公司拥有一群非常善于接纳别人意见的客户群,人们确实想相信他们被告知的事情。贝尔福特也不是一个不良行为的唯一案例,例如,赛斯·弗德曼(Seth Freedman)追忆自己在伦敦作交易员的职业生涯时承认道:"我……去上班,赚钱,把钱花在喝酒、吸毒和其他追求上,第二天继续努力工作。"

贝尔福特最终因证券欺诈被联邦调查局逮捕,但是他同意与当局合作,并提供内部细节,说明他的公司到底出现了什么状况,并且供出了所有参与其不正当计划的人。他的惩罚相对较轻,只在监狱里待了22个月就被提前释放——考虑他的欺诈行为的严重程度,这种惩罚相当宽容。电影制片人认为这是一则"警世故事",但值得注意的是,贝尔福特在出售电影版权中赚了一大笔钱并且现在正作为一名励志演说家,在世界范围内进行巡回演讲,日子过得颇为潇洒。显然犯罪很划得来。

《大空头》

2015年的电影《大空头》改编自迈克尔·刘易斯(Michael Lewis)的同名小说。它追溯了一群真实的证券交易员的市场冒险历程。他们十分确信大崩盘即将发生,因此他们开始在这个基础上进行投机,打赌银行系统会因为坏账（即次级抵押贷款）而崩溃。刘易斯的书让人大开眼界，它揭露了商人对于该问题不但不感到担忧，反而成功对此加以利用的现象，尽管在某种程度上，细节并没有根本态度重要。认为失败只是一种有趣的商业机会的想法很可能会让我们这些不投机倒把的人感到困惑。这就要求我们明白，从投资的角度来考虑，失败可能是件好事，它甚至能给那些足够聪明、可以操纵市场的人带来巨大的经济利益。2002年3名这样的交易员创立了一家名叫康沃尔资本的公司，正如刘易斯所指出的那样，它"打赌次级抵押贷款债券的资本翻了两番，从30多亿美元扩展到135亿美元，在市场崩盘的时候。"我猜大多数人可能认为投资的关键是找到成功而非失败的表现，但事实并非如此，只要有利可图，投资人一定会绞尽脑汁。很难说是否要将相关人员与恶棍划在一起，还是说他们仅仅是极其精明的操盘手。不管做什么决定，他们的活动都能带来戏剧性的情景。

事实证明，到头来，失败对于这个特殊群体而言反倒是一件非常好的事情，他们从2007年8月的市场崩盘中大赚了一笔，证明了贪欲从来都不会缺乏创造力。鉴于西方各国政府以前所未有的规模大量投入公共资金（就当是数万亿美元），才将该系统从全面崩溃中拯救出来，我们又一次惊讶于金融界及其操作者的无耻行径。只要能够获利，后者就会继续进行投机，不管这是否有利于系统——他们只关心能够赚到多少。然而，这些电影和书籍对于大众意识的影响表明，我们还能找到对于极端贪婪的描述，这是多么令人着迷的事情。他们似乎在告诉我们内心深处的某些东西——也许是一种认识——在适当的情况下，我们也会臣服在贪欲的脚下。

画作

中世纪和文艺复兴时期的基督教会并不赞成贪婪,他们将其归为七宗罪之一,并强烈反对受其诱惑,认识到它会对不谨慎的人产生的吸引力。因此,教会谴责高利贷是一种邪恶的行为,所有好基督徒都应该在任何时候都远离它(直至今天,伊斯兰教依然反对高利贷,因此伊斯兰世界中银行的运作方式与西方世界截然不同,他们是负利率)。当犹太人介入其中,开始放高利贷时,借款人和贷款人之间就开始变得爱恨交加,《威尼斯商人》就明确展现了这一点。

《死神与守财奴》

这一时期的艺术普遍热衷于将这种公认的罪恶作为主题,尤其是因为它呈现出戏剧化的张力。例如,耶罗尼姆斯·博斯在15世纪创作的《死神与守财奴》向我们展示了一个道德故事。在这个故事中,赏画人可以清楚地看见屈服于贪婪会带来的危险。这幅画警告人们,如果大家不小心地抵挡魔鬼的诱惑——他会用金钱引诱我们走向毁灭——贪婪就会导致灵魂的丧失。博斯在小心平衡之后绘出了画中的场景,一位天使伸手指向通往天堂的路,告诉怀有罪孽的人,即使是在弥留之际,也依然可以忏悔。然而,一个狡猾的魔鬼躲在床边的窗帘后面,用一袋金子将他的注意力从天使身上吸引了过来。男人"几乎条件反射般地"向金子伸出手去,这是他一生的习惯使然。在他自己看来,他的钱永远也不够花;对他来说,这是他必须回应的一个"自身的空洞(hole in his being)"。床脚的人被认为代表着生命早期的守财奴,他显然是在向一个魔鬼提供一枚金币,而这至少表明他经常与恶灵打交道。与此同时,死神在门后充满期待地等待着。尽管艺术史学家沃尔特·博辛（Walter Bosing）认为"我们远不能确定是否存在挣扎"，但是画面给我们一种强烈的暗示，即守财奴将无法抗拒接受黄金的诱惑。财富的热爱似乎已经使他堕落到了无法悔改的程度——世俗的财产向他施下了魔咒，他已经不太可能在一夜之间产生转变。

这是我们在整个调查过程中不断遇到的故事，从虚构的人物到现实生活中的企业家、股市操盘手、银行家与公司都是这样：在某个时刻，你欲罢不能——贪婪的欲望会驱策你继续走下去。屈服于贪婪，这也可能是你的命运，这是博斯的画作传达给基督徒的一条严肃的讯息。也许你可能会在这一世中受益，但是下一世就未必如此了。多行不义必自毙，到时候，地狱就会是你唯一的归宿。博斯专门研究地狱的场景，他描绘了许多令人毛骨悚然的酷刑，如果我们像他笔下的守财奴那样时常放纵自己沉溺在七宗罪中，等待我们的就将是地狱的烈火。与此并列的是，他同时也描绘了天国的景象，那些性格软弱，经不起贪婪这类罪恶的诱惑，就无法升入天堂，他在几幅构图中同时描绘了天堂与地狱。

《贪食与淫欲的寓言》

暴食是博斯另一个常用的创作主题，例如《贪食与淫欲的寓言》（约1490~1500年）就将酗酒作为了罪恶的一面。画中的几个人物急不可耐地围在酒桶旁，而一对情侣躲在一顶帐篷中，避开众人的窥视，举杯对饮。赏画人可以得出一个明显的结论，这种不得体的行为最终将导致怎样的后果。伯辛强调了艺术家希望我们能够建立起的联系："贪食与酗酒会引发淫欲，这是道德卫士始终尽力希望听众们能够理解的教训。"

《贪婪》

在博斯作品的影响下，16世纪的艺术家老彼得·勃鲁盖尔在15世纪末以七宗罪为主题创作了一系列画作，《贪婪》便是其中之一。为了让更多人能够欣赏到《贪婪》，与勃鲁盖尔同时期的艺术家彼得·范·德·埃登（Pieter van der Heyden）在1558年根据这幅作品创作了同名版画。埃登在画中的热闹场景里呈现出了各种形式的贪欲，并且为其配上了一段语气强硬的题词："吝啬的贪婪既没有荣誉感，也不懂得礼貌，它不会觉得羞愧，也不敬畏神圣的箴言。"这恰恰也是博斯的作品所体现的道德标准：即便到了来世，你也依然无法逃脱针对这项罪恶的惩罚，因此要留意自己的行为，在还有时间和机会的情况下进行悔改。但不幸的是，如果你放纵自己罪恶本性的时间过长，也许就会发现自己已经无法及时改变行事的方式。画中的各色人等似乎正在迈向这种不幸的命运，我们本应谴责他们的失败，承认他们正在通过这种"吝啬贪婪（scraping avarice）"的表现将自己置于危险的境地。前景中一位拢起一堆硬币的女性就奠定了这种基调。在她的身旁，一只大瓮中的硬币被不断倒入已经装满的箱子之中。在她的左边，一个长着一张动物脸的生物正将胳膊伸进一只装满硬币的麻袋，而画面中的其他地方则充斥着混乱不堪的场景——例如，破坏财物、盗窃以及沉溺酒色。道德的重要性很难被忽略：世俗财富受到的重视程度远胜于更加重要的精神财富，善行将为虔诚的信徒敞开通往天堂的大门。勃鲁盖尔随后创作了七美德系列，来指出怎样的行为才能称得上是善行。

即便是阿尔布雷希特·丢勒在《贪婪》（1507）中所描绘的那位老妇人也并未对神圣的训诫加以重视。无疑，随着年岁的增长，皱纹渐渐爬上少女曾经美丽的脸庞（画家并未对肖像画的主角进行任何美化，她乳房下垂、满脸皱纹、头发蓬乱、牙齿缺失），她紧紧攥着一袋金币，好像这样便能躲过时光的摧残，呈现出一种相当可悲的"虚空的形象（vanitas image）"。相反，这个动作仅能表明她罪孽深重、不够虔诚——即便在死神面前，也不愿放弃自己的贪欲。与博斯笔下的守财奴一样，贪欲已经深入她的骨髓，即便牧师曾一遍遍地警告世人，来世必将因此而受到惩罚，她也依然无法改变这个习惯。它有力地提醒着赏画人，要小心过度市侩会带来的危险：容颜易老，财富易散，待走到生命的尽头，除了神判之外，我们将不再存有任何期盼。不论丢勒笔下的这位老妪手中握有多少金币，都无法逃脱这种命运。总的来说，她展现出了一个既怪诞又哀伤的形象，一个刻意无视自己将要面对的精神命运的形象。

任何想要细致研究此类作品的人都会发现，艺术史学家将它们与当时的其他各种绘画作品联系在了一起，说明该主题在中世纪艺术家之间极受欢迎。显然，中世纪社会极其关注七宗罪，这说明贪婪等不道德行为已经广受人们的密切关注与公开谴责。短暂的此生与永恒的来世是基督教神职人员反复向教徒灌输的一条信息，然而，对于天罚的恐惧显然无法根除人们的贪欲——如果永堕地狱的可能性依旧无法令人们集中精神，那么真不知道还有什么可以做到这一点了。这再次证明了自私早已在我们心中根深蒂固，它能够推翻宗教信仰与来自社会的指责。正如我们所见的那样，从早期的艺术家到前文所讨论的最近的电影制作者，不论时光如何流转，创意艺术家们一直在关注这一话题。与中世纪一样，贪欲在这个时代同样显而易见，也同样需要遭到谴责。遗憾的是，即便是谴责也无法阻止大部分人走上这条道路，人们依旧会臣服在贪欲的脚下。

结论：
与贪欲共处

只要自由市场依旧是社会经济体系的基础（这一点几乎未表现出任何改变的迹象），便难以完全将贪欲这种驱动力从文化之中剥离。也许股市的核心是赌博原则，但是由于这种原则早已深植于文化之中，很难想象如果将它连根拔起，我们的生活会变成怎样一番模样。也许这并不是我们所期望的结果；贪欲只不过是日常生活中的一部分，而我们早就习惯了它的运作方式，即便有时我们仍会对它将带领我们前往的方向感到忧虑。现在，就连大部分左翼人士也都认为，我们需要依靠创业活动来增加国内生产总值，刺激经济发展。这其中往往就会涉及贪婪与贪心，因为追求盈利的过程必然会产生贪欲。在为自己攫取更多利益的这个愿望中，必然存在贪欲的身影，即便它已经被抑制在了一个相当低的水平，而且并未走向无法被社会所接受的极端——哥顿·盖柯与谢尔曼·麦考伊等经典贪欲主义者所表现出的乖张行为便是"极端"的最好诠释。就渴望获取利润的欲望而言，需求将使市场理念践行者的需要一直处于过度膨胀的状态。一旦企业家阶层牵涉其中，我们还能有什么其他的办法呢？对于这些人而言，追求利益最大化是一种极其自然的行事方式，这似乎也是他们理解世界的唯一方式。

因此，我们必须学会应付利益与贪欲，尽管人们很可能打着公众利益的旗号对它们实施控制——例如新自由主义的游说团的抗议持续不断。如果不希望在构建一个更加稳定、平等的社会的过程中，出现我们眼下正在经历的迅速扩大的贫富差距，就不得不控制利益与贪欲。目前的这种趋势持续的时间越长，社会局势就会日益紧张，社会处于危险之中的可能性就越大。从这个角度来说，反资本主义运动不过只是冰山一角：民众的不满程度远比新自由主义的拥趸们愿意承认的要深。一如托马斯·皮克蒂所指出的那样，如果财政同意（即同意遵守所在国家的税法）继续遭受无限期的破坏，就必将对自由民主的政治体系造成严重损害。这一体系已然成为西方世界的规范，并且依然受到绝大多数公民的支持。市场是其中的一个组成部分，但是这并不意味着它就是文化中所有人类活动的终极仲裁者，或者说市场价值必须成为衡量所有其他项目的标准。我们大可选择其他方式来处理问题。我想说的是，到了现在这个阶段，我们别无选择，我们的社会健康严重依赖于此。

如果恰当的监管体系已经到位，而不是按照新自由主义现行的经济教条——新自由主义不但反对监管体系的调节，它还系统地削弱了这一体系的影响——最近的这场金融危机原本完全可以避免。金融行业的管理越是松懈，市场乃至全球经济的波动就会越大，从而有损大众的生活品质。除了决意继续废止监管，装作什么都未曾发生的行业内部人士之外，其他人似乎一眼便能发现两者之间的关联。如果涉及田径与自行车等国际体育项目，就不会有人郑重其事地建议放松管制，因为人们深知，对于名利的贪欲将彻底扭曲个人的道德观念。多次获得环法自行车赛冠军的兰斯·阿姆斯特朗与一些奥运会金牌得主（随着调查的深入，这份名单上的名字仍在不断增加）就是很好的例证。我们每日不亦乐乎地谈论着的兴奋剂丑闻与腐败问题应该让我们永远记住，鲜少有人能将野心保持克制不越过道德的边界。然而，说到那些罔顾贪欲会给他人带来的影响、只是一味追逐经济利益的投机商与银行家，总是有人劝说我们相信，虽然缺少外部审计，但是金融行业的所有从业人员全都秉持着社会良知，行事谨慎——即便反面证据早已堆积如山。无疑，我们都愿意相信人性本善，但是我们也不得不承认，除非保持十二万分的警惕，否则，贪欲的反社会特征将会继续冲破阻碍，赢得胜利。如果不实施一些严格的控制，贪欲将会如同现下这般继续迅速蔓延。从某种程度上来说，霍布斯所言非虚：人们必须对自利性进行约束。

鉴于股市的吸引力令人上瘾，贪婪者仍会不断加入其中：这似乎是一个可悲的现实。然而，这并不意味着我们无法约束这些人的行为，因为我们知道，在刚刚提及的体育竞技领域就存在此类约束。这似乎也是不争的事实。究竟贸易兄弟会成员能够在追求股市收益的过程中走多远？我们应该对问题的答案设置明确的限制。为了保护普通大众，需要杀一杀"宇宙的主宰"的威风。未必就非得严格地按照字面意思，将自由放任作为金融业界的公约。这种特定解读对商业信誉的依赖已经远远越过了安全的界限。商业信誉并不像一些人认为的那样是一种普遍的人性。也许我们所能期望的最好结果也不过是将贪欲降低到现有水平以下，不过，这仍然是一个值得追求的目标。我们必须尝试在角力的力量——如需求与需要——之间实现适度的冲突，并使之像在其他社会中一样，成为一个持续的过程。

必须承认，对于那些真正积极上进的企业家而言——我们身边颇有一些这类人——眼前的经济收益永远不够多；因此，他们基本都会选择避税，尽管这些避税举措会带来反社会的影响。一些成功企业家也许会像比尔·盖茨那样推行大规模的慈善计划；林赛·麦戈伊谴责此类做法纯属"慈善资本主义（philanthrocapitalism）"，认为这些慈善项目并不比面子工程强多少。他进而提出了更深层的反对理由，即此类项目的大部分资金完全有可能是通过避税手段所获得的。事实上，成功企业家永不知足，这多少叫人觉得沮丧。拥有此类性格的人很少会感到满足，或者说，他们的满足感稍纵即逝。在这个世界上，一次过剩必然会引发进一步的过剩，循环往复；虽然那些一心一意追求满足感的人很难意识到自己在实现满足感的路上已经走过了头。诺里斯在小说《陷阱》中通过柯蒂斯·贾德温这个经典的虚构形象对这一过程进行了刻画。他证明了贪欲可以将个人所有的中断机制均践踏在脚下，驱使他们或是迈向更大的成功，或是如同贾德温发现的那样，引爆全面的金融危机。这是时常在个人内心运转的"繁荣与萧条"周期，而且它似乎已经融入了市场心态之中，随时准备孤注一掷——贪婪的需求将塑造出大量因受其诱惑而响应其号召的人。处于创业者世界之中的企业必须逐年提高交易数额，不断加快积累利润的速度，时刻不得松懈。一旦它确实有所懈怠，股东们便会四下寻找更有利可图的股票进行投资，因为他们永远也不会停歇追求更高回报的脚步。这样一来，如果放任贪欲蔓延，那么如何保护更广泛的社会不受其所带来的过剩的影响，就会成为一个问题，这也是政府应该介入并采取果断行动的领域。如果将过剩视作一种美德，就无法继续相信那只"看不见的手"还会出手相救。不论是1929年华尔街股市崩盘，抑或是2007年8月的信贷危机，这只手显然都未能起到任何作用。

由此产生的问题就是，政府应该在其整体经济政策中支持哪一方：是股东，还是利益相关者？最近一次的金融危机过后，一个不受约束的金融部门似乎便开始自寻烦恼。只有在更广泛的选民所给予的持续刺激之下（在这种情况下，他们最终将遭受最为严重的损失），经由选举组建的政府，才拥有为了实现普遍的社会福利——包括国家经济的利益——对该行业实施并监控限制的力量。自我调控一直未见成效。犯罪行为长期存在，由此便可获知，人性本善的假设极其天真；这就是为何我们需要警察机关来确保我们至少可以获得一些安全的原因。因此，若是想要找到可以适应贪欲的方法，由政府制定适当的法律法规与严格的审计制度就是首要的要求。教育也能鼓励并明确所有行动中的社会责任。如果明确社会责任成了基本要素，那是因为经验告诉我们，金融领域对此敷衍了事的情况实在太过常见。金融业界从业人员的所言所行往往堂而皇之地背道而驰。既然创业精神已经成为大中院校教学大纲中的一项，希望社会责任可以被视作是教与学中不可或缺的一部分。

显然，这同样适用于国际体育的大部分项目。太多的案例表明，社会责任似乎并非参赛者的优先考虑事项，这实在令人深感不安。俄罗斯奥运选手普遍服用了可以提高竞赛成绩的禁药一事便足以证明这一点。此后，俄罗斯也对许多西方运动员提起反诉。此类故事不胜枚举。认为这只是体育界的习俗，觉得它不过是"自私的激情"运作的方式，而我们必须效仿它的做法还远远不够。至少，亚当·斯密永远不会点头赞同。他会有力地宣称，如果我们用习俗来证明此类行为的合理性，

那么，我们大可推想，几乎没有什么恶劣的特殊行为无法获得认可。我们每天都能听到人们在谈论此类事件，觉得它稀松平常。人们似乎认为，

那是在为最不义并且最无理性的行为进行的十足的辩解。

习以为常是一种很糟糕的托词,当其被用来为腐败行为正名时尤是如此。垄断也是大型企业内部习俗的产物,但是这并不意味着这种行为就是正确的。习俗可以更改——它们不会亘古不变,否则社会就将无限期地滞留在较低的发展水平上。

也许贪欲与贫穷一样,注定与我们同在。不幸的是,我们的心理状态会暗示我们,事实就是如此。然而,这并不意味着我们必须将自己视作贪欲的奴隶(大胆妈妈似乎觉得自己就是这样的奴隶),也不是说我们就应该终止缓解贫困、创造更加平等的社会的努力。或者,就此而言,不顾公众非议,坚持推进体制改革,使得避税行为疯长。避税港只会鼓励贪欲不断膨胀,主要西方国家迟早会料理这些地方。"不折不扣的盗窃"不应享受如今这般的官方保护,不论这是多么心照不宣的事情;甚至也不应该出现"利润转移"的可能性。各国政府必须承担起自己做出的任何有关体制改革的承诺,否则,原本进入流通领域的"列国的隐藏财富"将永远隐于水面之下:它们能够在公共领域,为可以改善所有人生活的项目与体系提供资金支持。我们完全无法接受在经济紧缩的时代还存在此类"隐藏财富",这是又一个尽管体现出了其不公平性但却依旧获准得以发展的"习俗"。放任这种现象就是在藐视整个利益相关群体,而事实上,该群体已然面临困境。必须尽可能频繁地指出贪婪的暴行及其对于政治体的影响。回顾贪婪的历史可以发现,对于这一特点不加控制显然不符合整个社会的利益。

贪欲也并非是外界强加给我们的特性,它来自于我们的内心。这就意味着我们需要时刻观察这种现象,因为它的能力是我们性格中的一部分,我们将在每日与他人的接触中,不断与它相遇。企业无法产生贪婪或是"超级富豪的秘密宗教(secret religion for the super-rich)"。我们不能将个人行为归咎到股市、新自由主义经济学或是国际足联的身上,因为通过恰当的立法就能使组织机构接受更为严格的行为规范的约束。企业仅仅是为个人提供了表达与满足贪欲的机会,贪欲很快便会在企业内部根深蒂固,而不是如同疾病那般,偷偷潜入整个体制,感染与之接触的所有人。很快,人们便会辩解说这只是一种习俗,并且理所当然地认为这就是世界运转的方式。贪婪文化首先是由人所创造的,因此需要从人的层面加以解决。

在讨论贪欲时,我们必然会注意到意识形态,因为我们不断在整个调查过程中发现,当权人士(不论是财政界、管理层还是政界)确实为我们提供了最显著的贪婪的案例。将愤怒引向这些特定个人的行为固然可以理解,但却是捡了芝麻丢了西瓜。

他们不过是在一个由于缺乏有力的监督而容易被操纵的系统中,动用了存在于每个人心中的人性特征,而今天的文化也在大力提倡积累个人财富。如果将人性特质与体制结合到一起,我们很快便会发现自己正面临着一些令人咋舌的贪婪案例,而犯下这些罪行的人则是那些貌似缺乏社会良知的自诩的"宇宙的主宰"。现代社会发展出了竞争激烈并且以市场为基础的文化,人性几乎不可避免地在其中倾向于此;也就是说,除非采取一些积极的行动来遏制出现过剩的机会,一旦牵涉大量资金,便会出现这种状况。我们还必须采取积极的行动来抵制将个人推向寻求过剩的驱动力,因为我们知道,如果不加约束,他们便意识不到限制的存在,并且会不断挑战社会的底线,测试在有人出手阻拦之前,自己究竟能够提出多少需求。

遗憾的是，我们无法指望欲望具备自我调节能力。

现在我们又回到了延迟满足这个问题以及将其视作欲望之敌的这种趋势上。有时，在谈论此类问题时需要表现出些许说教的意味。显然，商界试图将满足感驱逐出我们的生活，尽管满足感本身并不会产生贪欲，但是它绝对为后者提供了蓬勃发展的框架——贪欲已然获得了蓬勃的发展。贪欲意味着我们现在，立刻就想要填补我们自认存在于内心的"胸中的空洞"；不论是在股市中大赚一笔，还是获得越来越多我们碰巧已经上瘾的东西——食物、服装、技术或是奢侈品。然而，这种瘾癖并非只是一件私事，它具有多重社会后果，并且只有在全社会的协力阻止下才不至于严重失控。我们大可忍受贪婪，但是摆在我们面前的任务是确保它被限制在合理的范围之内——而且，更重要的是，确定这些范围的边界，明确贪欲当政的需求的极限。这是一个有待实现的微妙平衡，但是它所能带来的社会效益也很难被高估。不论"宇宙的主宰"以何种形式存在或是采用何种方式说服众人，也许他们都会提出异议，但是我们拥有的东西应该远不止不受约束的积累这一项。

致　谢

Reaktion 出版社的本·海耶斯（Ben Hayes）提出了这个选题，并大力促成了项目的成功启动与最终成型。海伦娜·布兰登博士（Helene Brandon）就书中所讨论的医学问题，为我提出了宝贵的意见，并且一如既往地就本书撰写过程中所涌现出的各种观点给予了评价。

参考文献

引言：为何贪欲会引发关注

1. Frank Norris, *McTeague: A Story of San Francisco* [1899] (New York, 2011), p. 34.
2. Tom Wolfe, *The Bonfire of the Vanities* (London, 1988), p. 19.
3. Paul Mason, *Meltdown: The End of the Age of Greed* (London and New York, 2009), p. 128.
4. Ibid.
5. Paul Krugman, *The Return of Depression Economics and the Crisis of 2008* (London, 2008), p. 180.
6. Charles Dickens, *A Christmas Carol and The Chimes* [1843, 1844] (London, 1977), p. 10.
7. Michael Pye, *The Edge of the World: How the North Sea Made Us Who We Are* (London, 2015), p. 218.
8. David Smith, Ben Jacobs and Sabrina Siddiqui, 'Crisis for Republican Party as Trump Heads for Super Tuesday Victory', www.theguardian.com, 1 March 2016.

第一章 贪婪为何大行其道？个人与时代的迷思

1. Stewart Sutherland, *Greed: From Gordon Gekko to David Hume* (London, 2014), p. 6.
2. Tore Renberg, *See You Tomorrow*, trans. Seán Kinsella (London, 2014), p. 110.
3. Bertolt Brecht, *The Threepenny Opera* [1928], trans. Desmond I. Vesey and Eric Bentley (New York, 1994), p. 5.
4. John Gay, *The Beggar's Opera* [1728], ed. Edgar V. Roberts (London, 1969), p. 6.
5. Ibid., pp. 6–7.

6 Bertolt Brecht and Kurt Weill, *The Rise and Fall of the City of Mahagonny* [1930], trans. Michael Feingold (libretto accompanying 1988 Capriccio CD recording).
7 Bertolt Brecht, *The Threepenny Novel* [1934], trans. Desmond I. Vesey and Christopher Isherwood (Harmondsworth, 1961), p. 30.

第二章 贪婪的根源：欲望

1 C. B. Macpherson, *The Political Theory of Possessive Individualism: Hobbes to Locke* (Oxford, 1962), p. 3.
2 See Michel Foucault, *The History of Sexuality*, vols I–III [1976, 1984, 1984], trans. Robert Hurley (Harmondsworth, 1981, 1987, 1990).
3 Gilles Deleuze and Félix Guattari, *Anti-Oedipus: Capitalism and Schizophrenia* [1972], trans. Robert Hurley et al. (London, 1983), p. 2.
4 Sigmund Freud, 'Further Remarks on the Neuro-Psychoses of Defence' [1896], in *Standard Edition of the Complete Psychological Works of Sigmund Freud*, trans. and ed. James Strachey (London, 1953–74), vol. III, p. 170.
5 Sigmund Freud and Josef Breuer, 'Studies in Hysteria' [1893–5], in *Standard Edition*, vol. II, pp. 122–3.
6 Thomas De Quincey, *Confessions of an English Opium Eater* [1821–2], ed. Barry Milligan (London, 2003).
7 Thomas Hobbes, *Leviathan, or, The Matter, Forme and Power of a Free Common-wealth* [1651], ed. C. B. Macpherson (Harmondsworth, 1968), p. 186.
8 Deleuze and Guattari, *Anti-Oedipus*, p. 5.
9 Paul Verhaeghe, *On Being Normal and Other Disorders: A Manual for Clinical Psychodiagnostics*, trans. Sigi Jottkandt (London, 2008), p. 8.
10 Deleuze and Guattari, *Anti-Oedipus*, p. 3.
11 Mark Seem, 'Introduction', in Deleuze and Guattari, *Anti-Oedipus*, p. xvii.
12 Deleuze and Guattari, *Anti-Oedipus*, pp. 8, 10.
13 See Stuart Sim, *Fifty Key Postmodern Thinkers* (London and New York, 2013), p. 73.
14 See Gilles Deleuze and Félix Guattari, *A Thousand Plateaus: Capitalism and Schizophrenia* [1980], trans. Brian Massumi (London, 1988).

15 Verhaeghe, *On Being Normal*, p. 8.
16 Robert Bocock, *Sigmund Freud* (London and New York, 1983), p. 42.
17 Freud and Breuer, 'Studies in Hysteria', p. xxix.
18 Ibid., p. 246.
19 Freud, 'The Question of Lay Analysis' [1926], in *Standard Edition*, vol. XX, p. 212.
20 See Juliet Mitchell, *Psychoanalysis and Feminism: A Radical Reassessment of Freudian Psychoanalysis* (London, 1974), p. xv.
21 Madan Sarup, *Jacques Lacan* (Toronto and Buffalo, 1992), p. 13.
22 Jacques Lacan, *The Four Fundamental Concepts of Psycho-analysis* [1973], ed. Jacques-Alain Miller, trans. Alan Sheridan (London, 1994), pp. 38, 204.
23 Bruce Fink, Preface to Jacques Lacan, *The Seminar of Jacques Lacan, Book XX: On Feminine Sexuality, the Limits of Love and Knowledge* [1975], ed. Jacques-Alain Miller, trans. Bruce Fink (New York, 1999), p. vii.
24 Lacan ibid., p. 73.
25 Jacques Lacan, *Ecrits: A Selection*, trans. Alan Sheridan (London and New York, 1989), p. 263.

第三章　贪婪与经济学：自由与管控的双重博弈

1 Adam Smith, *An Inquiry into the Nature and Causes of the Wealth of Nations, Books I–III* [1776], ed. R. H. Campbell et al. (Oxford, 1976), p. 251.
2 Ibid., p. 164.
3 Ibid., p. 456.
4 Joseph E. Stiglitz, *Globalization and Its Discontents* (London, 2002), p. 74.
5 Ibid.
6 Adam Smith, *The Theory of Moral Sentiments* [1759], ed. D. D. Raphael and A. L. MacFie (Oxford, 1976), p. 9.
7 D. D. Raphael and A. L. McFie, 'Introduction', in Smith, *Theory of Moral Sentiments*, pp. 1–52 (p. 6).
8 Smith, *Theory of Moral Sentiments*, p. 25.
9 Ibid., pp. 140–41.
10 Smith, *Wealth of Nations*, p. 430.
11 Ibid.
12 Pierre-Joseph Proudhon, *What is Property? An Inquiry into the*

Principle and Right of Government [1840], trans. Benjamin R. Tucker (London, n.d.), vol. 1, p. 38.
13 Karl Marx and Friedrich Engels, *The Communist Manifesto* [1848], ed. Frederic L. Bender (New York and London, 1988), p. 75.
14 Karl Marx and Friedrich Engels, *The German Ideology* [1845] (London, 1965), p. 45.
15 Richard Murphy, *The Joy of Tax: How a Fair Tax System Can Create a Better Society* (London, 2015), p. 16.
16 Thomas Piketty, Foreword to Gabriel Zucman, *The Hidden Wealth of Nations: The Scourge of Tax Havens*, trans. Teresa Lavender Fagan (Chicago, IL, and London, 2015), p. viii.
17 Zucman, *The Hidden Wealth of Nations*, p. 4.
18 Ibid., p. 1.
19 Ibid., pp. 92, 93.
20 Ibid., p. 79.
21 Linsey McGoey, *No Such Thing as a Free Gift: The Gates Foundation and the Price of Philanthropy* (London and New York, 2015).
22 Protestants in England in the seventeenth and eighteenth centuries who refused to conform to the state's established church, the Anglican, were barred from careers in the universities or the law. Many of these 'nonconformists' turned to the world of trade instead, and were prone to regard success there as evidence of God's approval and support for their cause.

第四章　贪婪与金融行业：一切为了股东的利益

1 See Milton Friedman, *Capitalism and Freedom*, 2nd edn (Chicago, IL, and London, 1982).
2 See Richard Wachman, 'Dutch Bankers' Bonuses Axed by People Power', *The Observer* (27 March 2011), p. 46.
3 Thomas Piketty, *Capital in the Twenty-first Century*, trans. Arthur Goldhammer (Cambridge, MA, 2014), p. 23.
4 Ibid., p. 1.
5 Ibid., p. 530.
6 Quoted in Jana Kasparkevic, 'When Wealth is Bad for Your Health: The 1% Turn to Therapy', *The Observer* (17 October 2015), p. 43.
7 Ibid.
8 See Guy Standing, *The Precariat: The New Dangerous Class* (London, 2011).

第五章　贪婪与食品行业：被暗中催发的食欲

1 Walter Bosing, *Hieronymus Bosch, c. 1450–1516: Between Heaven and Hell* (Cologne, 1987), p. 30.
2 The mockery is carried to a hilarious extreme in the Monty Python film *The Meaning of Life* (1983), where a glutton is plied with food in a restaurant to the point where he explodes.
3 BMI (body mass index) is calculated on the basis of weight in kilograms over height squared (in centimetres).
4 Branwen Jeffreys, 'Maternal Deaths Linked to Obesity', www.news.bbc.co.uk, 4 December 2007.
5 Nicola Heslehurst et al., 'An Evaluation of the Implementation of Maternal Obesity Pathways of Care: A Mixed Methods Study with Data Integration', *PLOS One* (May 2015), pp. 1–21 (p. 21).
6 Ibid.
7 Jeffreys, 'Maternal Deaths Linked to Obesity'.
8 See Bee Wilson, *First Bite: How We Learn to Eat* (London, 2015).
9 Marta Zaraska, 'Bitter Truth: Fruit and Veg are Getting Tastier ... at the Expense of Our Health', *New Scientist*, 3032 (1 August 2015), pp. 26–30.
10 Jennifer McLagan, *Bitter: A Taste of the World's Most Dangerous Flavor, With Recipes* (Berkeley, CA, 2014), p. 137.
11 See, for example, the fact sheet put out by the American National Cancer Institute ('Cruciferous Vegetables and Cancer Prevention', www.cancer.gov, accessed 11 November 2015), which briefly glosses the findings of several studies on the topic.
12 David Kessler, *The End of Overeating: Taking Control of the Insatiable American Appetite* (New York, 2009).
13 Quoted in Joanna Moorhead, 'Diabetes: The Scourge of City Living', *The Guardian* (13 January 2016), p. 40.
14 Felicity Lawrence, *Eat Your Heart Out: Why the Food Business is Bad for the Planet and Your Health* (London, 2009), p. x.
15 Mike C. Parent and Jessica L. Alquist, 'Born Fat: The Relations Between Weight Changeability Beliefs and Health Behaviors and Physical Health', *Health Education and Behavior*, XLIII/3 (8 September 2015), pp. 337–46.

第六章 贪婪与医保行业：金钱与健康的抉择

1 'Keep Our NHS Public', www.keepournhspublic.com, accessed 19 November 2015.
2 See Susan Carroll, 'Senior Day-trippers Seeking Fun, Cheap Prescriptions', *Banderas News*, www.banderasnews.com, April 2005.
3 Harmony Huskinson, 'Americans Find Huge Savings from Pharmacies, Dentists Based in Canada and Mexico', *Two Borders* (Cronkite Borderlands Initiative), https://cronkite.asu.edu, 24 September 2013.
4 See 'IVF', *NHS Choices*, www.nhs.uk (accessed 30 September 2015).
5 Harriet Meyer, 'Egg Freezing is the Tempting Option if You're Desperate for a Child: But Can Women Be Sure it's the Right Choice?', *The Observer* (25 October 2015), pp. 8–9.
6 See 'Genetic Test is Back', *New Scientist*, 3045 (31 October 2015), p. 7.
7 'Feedback', *New Scientist*, 3050 (5 December 2015), p. 56.
8 Ibid.
9 Ibid.
10 Richard Feynman, *The Character of Physical Law* [1965] (London, 1992), p. 129.
11 'Feedback', *New Scientist*, 3055 (9 January 2016), p. 56.

第七章 贪婪与政治学：当贪婪上升到国家层面

1 Tim Marshall, *Prisoners of Geography: Ten Maps that Tell You Everything You Need to Know About Global Politics* (London, 2015), p. 50.
2 Ibid., p. 103.
3 World War I Document Archive, '1911: David Lloyd George Delivers Mansion House Speech', http://.wwi.lib.byu.edu, accessed 29 October 2015.
4 Thomas Piketty, *Capital in the Twenty-first Century*, trans. Arthur Goldhammer (Cambridge, MA, 2014), p. 539.
5 Joseph Conrad, *Heart of Darkness* [1902] (Harmondsworth, 1973), p. 10.
6 Ibid.
7 Adam Hochschild, *King Leopold's Ghost: A Story of Greed, Terror and Heroism* (New York, 1998), p. 3.

8 Marshall, *Prisoners of Geography*, p. 105.
9 Edward Said, *Orientalism* (Harmondsworth, 1985), p. 7.
10 E. M. Forster, *A Passage to India* [1924], ed. Oliver Stallybrass (Harmondsworth, 1979), pp. 79–80.
11 Conrad, *Heart of Darkness*, p. 23.
12 Roland Barthes, *Mythologies* [1957], trans. Annette Lavers (London, 1973), p. 68.
13 Niall Ferguson, *Empire: How Britain Made the Modern World* (London, 2002), p. xxvi.
14 Ibid., p. 74.
15 V. I. Lenin, *Imperialism: The Highest Stage of Capitalism* (Peking, 1975), p. 4.
16 D. K. Fieldhouse, *Economics and Empire, 1830–1914* (London, 1984), p. 7.
17 Ferguson, *Empire*, p. 51.
18 Ibid., p. 217.
19 Fieldhouse, *Economics and Empire*, p. 87.
20 Ibid., p. 223.

第八章　贪婪与体育行业：对成功与声名的追逐

1 The reporter Andrew Jennings has specialized in investigating FIFA's tangled financial affairs. His latest book on the subject is *The Dirty Game: Uncovering the Scandal at FIFA* (London, 2015).
2 Dave Zinn, 'Throw FIFA Out of the Game', *New York Times*, 6 June 2014, www.nytimes.com.
3 In an American sporting context, baseball would offer comparable opportunities.
4 Sean Ingle, 'Revealed: Tennis Umpires Secretly Banned over Tennis Scam', *The Guardian*, 9 February 2016.
5 The whole rather sordid story of Armstrong's downfall is recounted in David Walsh, *From Lance to Landis: Inside the American Doping Controversy at the Tour de France* (New York, 2007).

第九章　贪婪与艺术行业：艺术创作的灵感源泉

1 James Shapiro, *Shakespeare and the Jews* (New York and Chichester, 1996), p. 130.
2 Ibid.

第六章　贪婪与医保行业：金钱与健康的抉择

1 'Keep Our NHS Public', www.keepournhspublic.com, accessed 19 November 2015.
2 See Susan Carroll, 'Senior Day-trippers Seeking Fun, Cheap Prescriptions', *Banderas News*, www.banderasnews.com, April 2005.
3 Harmony Huskinson, 'Americans Find Huge Savings from Pharmacies, Dentists Based in Canada and Mexico', *Two Borders* (Cronkite Borderlands Initiative), https://cronkite.asu.edu, 24 September 2013.
4 See 'IVF', *NHS Choices*, www.nhs.uk (accessed 30 September 2015).
5 Harriet Meyer, 'Egg Freezing is the Tempting Option if You're Desperate for a Child: But Can Women Be Sure it's the Right Choice?', *The Observer* (25 October 2015), pp. 8–9.
6 See 'Genetic Test is Back', *New Scientist*, 3045 (31 October 2015), p. 7.
7 'Feedback', *New Scientist*, 3050 (5 December 2015), p. 56.
8 Ibid.
9 Ibid.
10 Richard Feynman, *The Character of Physical Law* [1965] (London, 1992), p. 129.
11 'Feedback', *New Scientist*, 3055 (9 January 2016), p. 56.

第七章　贪婪与政治学：当贪婪上升到国家层面

1 Tim Marshall, *Prisoners of Geography: Ten Maps that Tell You Everything You Need to Know About Global Politics* (London, 2015), p. 50.
2 Ibid., p. 103.
3 World War I Document Archive, '1911: David Lloyd George Delivers Mansion House Speech', http://.wwi.lib.byu.edu, accessed 29 October 2015.
4 Thomas Piketty, *Capital in the Twenty-first Century*, trans. Arthur Goldhammer (Cambridge, MA, 2014), p. 539.
5 Joseph Conrad, *Heart of Darkness* [1902] (Harmondsworth, 1973), p. 10.
6 Ibid.
7 Adam Hochschild, *King Leopold's Ghost: A Story of Greed, Terror and Heroism* (New York, 1998), p. 3.

8 Marshall, *Prisoners of Geography*, p. 105.
9 Edward Said, *Orientalism* (Harmondsworth, 1985), p. 7.
10 E. M. Forster, *A Passage to India* [1924], ed. Oliver Stallybrass (Harmondsworth, 1979), pp. 79–80.
11 Conrad, *Heart of Darkness*, p. 23.
12 Roland Barthes, *Mythologies* [1957], trans. Annette Lavers (London, 1973), p. 68.
13 Niall Ferguson, *Empire: How Britain Made the Modern World* (London, 2002), p. xxvi.
14 Ibid., p. 74.
15 V. I. Lenin, *Imperialism: The Highest Stage of Capitalism* (Peking, 1975), p. 4.
16 D. K. Fieldhouse, *Economics and Empire, 1830–1914* (London, 1984), p. 7.
17 Ferguson, *Empire*, p. 51.
18 Ibid., p. 217.
19 Fieldhouse, *Economics and Empire*, p. 87.
20 Ibid., p. 223.

第八章　贪婪与体育行业：对成功与声名的追逐

1 The reporter Andrew Jennings has specialized in investigating FIFA's tangled financial affairs. His latest book on the subject is *The Dirty Game: Uncovering the Scandal at FIFA* (London, 2015).
2 Dave Zinn, 'Throw FIFA Out of the Game', *New York Times*, 6 June 2014, www.nytimes.com.
3 In an American sporting context, baseball would offer comparable opportunities.
4 Sean Ingle, 'Revealed: Tennis Umpires Secretly Banned over Tennis Scam', *The Guardian*, 9 February 2016.
5 The whole rather sordid story of Armstrong's downfall is recounted in David Walsh, *From Lance to Landis: Inside the American Doping Controversy at the Tour de France* (New York, 2007).

第九章　贪婪与艺术行业：艺术创作的灵感源泉

1 James Shapiro, *Shakespeare and the Jews* (New York and Chichester, 1996), p. 130.
2 Ibid.

3 William Shakespeare, *The Merchant of Venice* [1596–8], ed. John Drakakis (London, 2010), 4.i, pp. 358–9.
4 Alan Sinfield, *Faultlines: Cultural Materialism and the Politics of Dissident Reading* (Oxford, 1992), pp. 301.
5 Ibid.
6 Ibid., p. 302.
7 Ibid., p. 301.
8 Ben Jonson, *Volpone, or The Foxe* [1605], in *Five Plays*, ed. G. A. Wilkes (Oxford, 1988), I.i, l. 1–2, p. 231.
9 Ibid., I.i, l. 73–81, p. 233.
10 Ibid., I.i, l. 86, p. 233.
11 Ibid., I.ii, l. 87–91, p. 237.
12 Molière, *The Miser* [1668], in *The Miser and Other Plays*, trans. John Wood (London, 1962), p. 171.
13 Ibid., p. 123.
14 Ibid., p. 112.
15 Ibid., p. 131.
16 Bertolt Brecht, *Mother Courage and Her Children: A Chronicle of the Thirty Years War* [1941], trans. Eric Bentley (London, 1962), p. 26.
17 Ibid., p. 81.
18 Charles Dickens, *A Christmas Carol and The Chimes* [1843, 1844], (London, 1977), p. 10.
19 Ibid., p. 81.
20 Ibid., pp. 14, 15.
21 Charles Dickens, *Hard Times: For These Times* [1854], ed. David Craig (Harmondsworth, 1969), p. 67.
22 Ibid., p. 65.
23 Thomas Carlyle, 'Chartism' [1839], in *Selected Essays*, ed. Ian Campbell (London, 1972), pp. 165–238 (p. 205).
24 Frank Norris, *McTeague: A Story of San Francisco* [1899] (New York, 2011), p. 165.
25 Ibid., p. 36.
26 Ibid., p. 34.
27 Ibid.
28 Ibid., p. 11.
29 Eric Solomon, 'Introduction' to *McTeague* (New York, 2011), pp. vii–xviii (p. xviii).
30 Frank Norris, *The Octopus: A Story of California* [1901] (Marston Gate, 2015), p. 306.